현직 임상심리사들이 알려주는 생생한

임상심리사 진로가이드북

현직 임상심리사들이 알려주는 생생한

임상심리사 진로가이드북

희우 · 달릿 공저

임상심리전문가와 정신건강임상심리사들의

진학 · 임상현장 팁과 미리 알면 유용한 정보 모음

좋은땅

| chapter 3 | **임상심리사**
수련 과정 |

당신은 왜 직업으로
임상심리사를 선택하려 하나요?

"임상심리학이란 심리학의 한 분야로서 개인이나 집단이 겪는 심리
적인 문제를 이해하고, 평가하고 치료(예방 포함)하는 것에 초점을 둔
다. 따라서 임상심리학자가 하는 일은 각종 문제를 보이는 사람들을
돕기 위해 심리학의 각 분야에서 개발된 이론을 개인이나 집단의 상
황에 적절하게 적용하고 또한 이의 효과에 대한 평가와 연구를 수행
하는 것이다."(출처: 한국심리학회)

위의 정의에서 임상심리학의 주체는 임상심리학자입니다. 현장에
서는 주로 임상심리사로 불리는 경우가 더 많습니다. 임상심리사는 정
신장애를 가지고 있는 정신과 환자들에 대한 심리평가와 심리치료 및
연구를 주로 실시합니다. 최근 들어 다양한 영역에서 임상심리사를 필
요로 함에 따라 임상심리사들의 진로가 다양해지고 있습니다. 병원 장
면에서 정신과 환자의 심리평가와 심리치료, 또는 심리상담에 국한된
역할뿐만이 아니라 법무부 보호관찰소, 병무청, 경찰청, 성폭력 관련

센터, 학교 상담실, 암센터, 트라우마 센터, 자살예방센터, 중독관리센터, 사회복지시설과 같이 심리서비스가 필요한 기관과 개인들에게 전문적인 심리적 개입, 평가를 제공하는 등 역할이 확대되고 있습니다.

최근에는 서점을 조금만 둘러봐도 '심리학'이라는 단어가 붙은 책들을 쉽게 발견할 수 있습니다. 누구나 심리학에 흥미와 관심을 가지기 쉬운 환경입니다. 그런데 특정하게 꼭 집어 '임상심리학'에 관심을 가지거나 임상심리사 혹은 임상심리학자가 되고자 마음먹은 각자의 동기는 상당히 다양합니다. 보통 학부생 때부터 전공을 살릴 수 있는 진로에 대한 선택지가 많지 않아 자연스레 임상심리사라는 직업을 접할수도 있고, 혹은 과거 심리적 어려움으로 인해 방문했던 센터나 정신건강의학과에서 검사를 받고 임상심리사라는 직업을 처음 접해 보았을 수도 있습니다.

또한 임상심리사가 되고자 마음을 먹은 시점과 시기도 다양할 수 있습니다. 완전히 다른 전공을 공부했지만 졸업 후 다른 직업군에 몸담던 중 사람의 마음에 대한 관심이 자연스레 생겨나 교양서적부터 읽으며 조금 더 전문적으로 배워 보고 싶은 마음이 생겼을 수도 있습니다. 혹은 학문이나 직업 자체의 동기보다는 임상심리사라는 직업적 특수성이 가지는 취직 조건, 근무 조건 등이 자신이 찾던 근무형태와 적합하여 이 길을 가고자 마음먹은 경우도 있겠습니다. 이 또한 합리적인 의사선택의 산물이라고 볼 수 있습니다. 여러분은 어떻게 임상심리학 혹은 임사심리사라는 직업에 관심을 가지게 되셨나요?

많은 분들이 각각의 동기와 꿈을 안고 임상심리학이라는 학문과 직업을 접하게 되지만, 실제로 임상심리학계 종사자들의 생생한 이야기를 들어 보기는 쉽지 않습니다. 내가 이미 가지고 있는 직업을 바꾸기에는 확실성이 없기 때문에, 혹은 대학교 졸업을 앞두고 한 해, 한 해가 황금 같기 때문에 부족한 정보만을 가지고는 임상심리사라는 직업에 대한 확신을 가지기가 더욱 어렵습니다.

일반적으로 학부과정까지 심리학과를 나왔다고 고려해 봤을 때, 자격증 취득을 위해 짧게는 7년에서 길게는 10년까지 걸리는 정말 길고 긴 여정이라고 할 수 있습니다. 이 과정에서 지나야 하는 관문마다 경쟁은 또 얼마나 치열한지요. 이렇게 오랜 시간이 걸리는 일임에도 불구하고, 정확히 임상심리사가 어떤 일을 하는지, 어떠한 과정을 거치게 되는지 미리 자세히 알고 있는 사람은 많지 않습니다. 임상심리사들조차도 닥쳐 보니 상상과 너무 달랐다고 하는 경우가 허다하니까요.

임상심리사가 되기 위한 대학원 입학, 수련 경쟁에 대해서도 피상적으로 떠도는 소문으로만 접할 뿐, 아는 인맥이나 특강을 통해서 '수련이 그렇게 빡세다던데.' '어떤 대학원에서는 이 책에서 문제를 낸다던데.'하며 구전처럼 알음알음 정보를 알게 됩니다. 그리고 그렇게 어렵게 모아진 유용한 정보들은, 이 분야에 몸담아야 할지 고민되는 사람들에게 단비 같은 데이터로 유익하게 쓰이기보다는 정보 소유자가 수련 과정에 들어가거나 혹은 이 분야를 떠남에 따라 자연스럽게 공중으로 사라지는 경우가 많습니다. 대부분의 과정이 도제식으로 이루어지고 있는 임상심리사 수련의 속성과 같은 맥을 하고 있다고 볼 수 있습니다.

저자들은 조금 더 임상심리사라는 직업에 대한 정보가 개방되었으면 하는 바람과 함께 임상심리사에 관심을 가지고 입문을 하려는 분들, 임상심리사 수련 중이거나 정확한 정보를 얻기가 어려워 시행착오가 많은 분들을 위해서 이 책을 쓰게 되었습니다. 폐쇄적이고 개인적인 구전보다는 직업의 장단점을 함께 논하고 자신의 미래를 위한 합리적인 의사결정을 하기 위한 기초자료로 쓰였으면 합니다. 여러 명의 임상심리사들이 의견을 함께 하는 부분도 있고 각각 다른 의견을 이야기하는 부분도 있었습니다. 정신건강임상심리사, 임상심리전문가, 임상심리사 등 임상심리 직군과 관련한 다양한 자격증을 가진 분들과 임상심리 대학원생 등 최대한 많은 이의 의견을 수렴하고 종합하여 생생한 정보를 만들기 위해 노력하였습니다. 그만큼 수련 과정을 겪으면서 얻은 노하우를 풀어 놓기 위해 노력하였으니 어느 정도 감안해서 이 책을 활용해 주면 감사하겠습니다.

chapter 1

임상심리사가 되기 위해서
알아야 할 것들

1

임상심리사 진로를 정하기 전 Checklist

　수많은 다른 직업들과 마찬가지로 임상심리사라는 진로를 택할 때에는 금전적 요인, 적성, 투자 시간과 같이 여러 요소를 고려해 보아야 합니다. 특히 '심리학' 관련 분야의 진로를 택하기 전에는 꼭 생각해 보아야 할 것이 있습니다. 심리학이라는 분야가 주는 특수성이 있기 때문입니다. 심리학 관련 직업에서는 필연적으로 마음이 불편하고 힘든 분들을 직간접적으로 마주하게 됩니다. 심리학 관련 분야로 진로를 원하는 분들이 이러한 점을 간과하는 경우가 많습니다. 또한 어떤 분들은 자신이 가지고 있던 불안, 우울, 대인관계 문제와 같은 심리적 이슈로 인해 자연스럽게 심리학 분야를 눈여겨보게 되고 관심을 가지기 시작합니다. 심리학을 공부하며 겸사겸사 나의 깊은 상처를 치료해 가겠다는 마음을 가지고 심리학에 입문하신 분들도 계시는데요, 이런 분들은 직업적인 부분보다도 상담, 심리평가와 같은 심리학적 서비스를 소비하는 소비자의 역할이 더 맞을 수도 있습니다.

심리 서비스를 구매자로서 소비하는 것(내담자), 심리학을 공부하는 것(심리학자) 그리고 심리학의 실무(임상심리사). 이렇게 세 가지는 비슷한 듯하면서 완전히 다른 영역이고 요구되는 자질도 상당히 다른 것이 사실입니다. 예를 들면 심리학 교양서적이나 전공서적을 읽으며 흥미가 생기더라도 실무 장면에서 여러 환자를 직접 대하고 면담하고, 검사를 통해 정확한 진단적 정보를 제공하는 것은 완전히 다른 분야의 이야기입니다. 또한 내담자로서 집단프로그램에 참여하는 것과, 이를 위해 집단프로그램을 개발하고 효과를 검증하는 논문을 쓰는 연구자의 역할은 상당히 다릅니다.

따라서 내가 정확히 어느 분야에 관심이 있는 것인지, 나는 모든 과정을 거치며 수 년간의 시간을 감내할 자원이 있는지 명확히 파악할 필요가 있습니다. 특히 내가 불안, 우울 등으로 상당히 취약한 상황이라면, 수련 장면에서 매일 환자를 대하고 슈퍼비전을 통해 매일 시험받고 평가 받는 것이 힘들게 다가올 수 있다는 뜻입니다. 실제로 많은 동료 임상가들은 공부하는 것과 임상심리사의 실무가 매우 달라 놀랐다고 회상하기도 합니다.

2

임상심리사가 되기 위한 로드맵

임상심리사에 대해 검색을 하고 정보를 수집하는 단계라면, 어렴풋이 대략 임상심리사가 되기 위해서는 어떤 길을 가야 하는지 희미하게나마 과정에 대한 정보를 습득하게 됩니다. 사람에 따라 견해가 다소 다를 수는 있겠으나 일반적으로 현장에서 전통적인 임상심리사의 주요 업무를 수행할 수 있고 직업으로서의 '임상심리사'로 인정받는다 함은 **한국임상심리학회 '임상심리전문가'** 혹은 **보건복지부 '정신건강임상심리사'** 이 두 자격 중 한 가지, 혹은 두 가지 모두를 갖춘다는 것을 의미합니다(이러한 이유와 위 자격 두 개의 차이는 뒷장에서 추가적으로 서술되어 있습니다).

재미로 해 보는 임상심리사 진로를 택할 때 강점이 될 수 있는 체크리스트	
1. 나는 타인의 우울하고 슬픈 이야기를 들어도 쉽게 지치지 않고 빠르게 떨쳐 낼 수 있다.	
2. 나는 장시간 앉아 있어도 특별히 어깨나 목 통증이 없다.	
3. 1~4년간 수입이 없어도 금전적으로 지원해 줄 만한 경제적 지원군이 있다.	
4. 비난에 일희일비하지 않고 수직적인 대인관계에 크게 개의치 않는다.	
5. 혼자 또는 소수로 일하는 것에 외로움을 잘 느끼지 않는다.	
6. 자신의 일 또는 학업 수행에 대해 지도받고 평가 받는 것이 좋다.	
7. 주위로부터 손이 빠르다는 이야기를 종종 들었다.	
8. 야식을 먹고 밤에 작업을 해도 살이 잘 찌지 않는다.	
9. 업무 시간 외에 잔업을 해야 하는 것에 수긍한다.	
10. 내 주요 관심사는 사람에 대한 것들이다.	

기본적으로 임상심리사가 되기 위해서는 크게 **학부 → 대학원 → 수련**의 세 과정을 거치게 됩니다. 여기서 학부의 경우 심리학과 전공을 의미하는데, 학부에서 심리학을 전공하지 않더라도 대학원에서 임상심리학을 전공을 할 경우 임상심리 관련 자격을 취득하는 데 큰 문제는 없습니다. 임상심리사가 되고 싶은 청소년이라면 가능하면 심리학과 학부로 진학하는 것이 도움이 될 수 있겠습니다. 대학원은 반드시

심리학 분야, 임상심리 전공으로 진학을 해야 수월하지만, 임상심리전공, 발달전공, 발달임상 등 명칭과 과정이 조금 다른 경우도 있으니 책 뒷부분의 대학원 선택 기준을 참조하시면 좋을 것 같습니다.

 그러나 정신건강임상심리사 취득을 포기하고 임상심리전문가만을 목표로 한다면, 임상심리전공이 아닌 상담심리전공 취득자도 간혹 드물지만 임상심리전문가를 취득할 수 있는 루트도 존재합니다. 마지막 관문인 수련은 자신이 취득하고 하는 자격증과 대학원 과정이 임상심리전문가 수련 과정으로 인정되는지 아닌지의 여부에 따라 1~3년으로 정해집니다(대학원 지도교수가 임상심리전문가 자격이 있어서 대학원 재학 중 수련을 신청하면 대학원 과정 n년 중 최대 1년이 임상심리전문가 수련 과정으로 인정됩니다).

정신건강임상심리사 혹은 임상심리전문가가 되기 위한 여러 가지 루트

* 심리학과 학부 졸업 → 임상심리학전공 일반대학원 졸업(졸업과 동시에 임상심리전문가 1년 수련 인정) → 종합병원 레지던트 과정 3년 → 정신보건임상심리사 1급, 임상심리전문가 취득

* 심리학과 학부 졸업 → 임상심리학전공 일반대학원 졸업(졸업과 동시에 임상심리전문가 1년 수련 인정) → 종합병원 정신보건임상심리사 2급+임상심리전문가 필수기관 1년 수련 → 상담센터 임상심리전문가 1년 수련 → 정신보건임상심리사 2급, 임상심리전문가 취득

* 타과 학부 졸업 → 임상심리학전공 일반대학원 졸업(대학원 과정이 임상심리전문가 수련 인정 안 됨)→ 대학병원 정신보건임상심리사 1급+임상심리전문가 필수기관 3년 수련 → 정신보건임상심리사 1급, 임상심리전문가 취득

* 심리학과 학부 졸업 → 발달심리학 대학원 졸업 → 청소년기관 정신건강임상심리사 1년 수련 → 정신건강임상심리사 2급 취득→ 실무 과정 5년 → 정신건강임상심리사 1급 취득

chapter 2

대학과 대학원에서의
생활 및 준비 사항

서울·경기권 주요 대학교 심리학과 리스트	
가톨릭대학교 심리학전공 강원대학교 심리학전공 고려대학교 심리학과 광운대학교 산업심리학과 단국대학교 상담학과 단국대학교 심리치료학과 덕성여자대학교 심리학과 명지대학교 심리치료학과 부산대학교 심리학과 삼육대학교 상담심리학과 서강대학교 심리학전공	서울대학교 심리학과 성균관대학교 심리학과 성신여자대학교 심리학과 숙명여자대학교 사회심리학과 아주대학교 심리학과 연세대학교 심리학과 이화여자대학교 심리학과 인하대학교 아동심리학과 중앙대학교 심리학과 한림대학교 심리학과

* 전국 대학교 심리학과 리스트는 '부록 A' 참고

대학교 과정

(1) 임상심리사에 대한 정보가 부족한 심리학과 학부생

병원 장면에서 임상심리사를 접하는 경우를 제외하고, 임상심리사라는 생소한 이름과 직업의 존재를 처음 알게 되는 것은 아마 대학교 심리학과 학부생 시절일 것입니다. 임상심리학은 심리학의 꽃이라고도 합니다. 임상심리사로 근무했던 경력이 있는 교수님이 심리학과 학부마다 한 명씩은 계시는데, 교수님의 경험담을 통해, 혹은 임상심리학 또는 심리검사라는 학부 과목을 통해서 각종 심리검사(K-WAIS-IV, MMPI-2, House-Tree-Person drawing test, Bender-Gestalt Test, 문장완성검사 등)와 임상심리사가 하는 일들을 간접적으로나마 단편적으로 체험할 수 있습니다. 그럼에도 불구하고 임상심리사를 직업적으로 선택해도 괜찮은지 확신하기 쉽지 않습니다.

대학교에서 종종 임상심리사 선배의 초청 강연도 듣게 되지만, 살아 있는 정보를 습득하기에는 모자라다고 느끼는 학부생들이 많습니다. 왜냐하면 이 길은 10년에 가까운 너무나도 먼 길이고, 이 과정에 대해 지레 겁을 주는 사람도 있고, 임상심리는 절대 하지 말라며 뜯어 말리는 사람도 있습니다. 혹은 돈을 잘 번다며 너무 낙관적이고 두루뭉술한 이야기로 인해 듣는 사람은 오히려 더 혼란스러워질 수도 있습니다. 내 인생에 10여 년이라는 시간을 투자하는 긴 과정인데, 결코 모호한 정보만을 가지고 소중한 인생의 페이지를 할당해 주기로 결정하는 것은 위험하다고 생각합니다. 따라서 이 가이드북을 통해 합리적으로 질 좋은 정보를 미리 취합하고 고려하여 자신에게 가장 적합한 결정을 내렸으면 합니다. 또한 대학생활에서 임상심리 대학원 진학과 추후 임상심리사 진로 결정 시 필요한 포인트들을 짚어서 유용하고 현명하게 시간 활용을 할 수 있을 것입니다.

(2) 임상심리사 준비 과정 중 곤란해지지 않기 위해 심리학과 학부과정에서 이수해야 할 과목들

심리학과 학부 졸업 후에 완전히 다른 분야에서 일을 하다가 다시 임상심리학 대학원으로 되돌아오시는 분들이 간혹 계십니다. 현재에는 임상심리학에 크게 관심이 없는 분이라도 추후에 어떻게 마음이 변하게 될지 모르니, 나중에 필요한 과목을 이수를 하지 않아서 곤란한 일이 생기는 것보다는 학부 재학 당시에 미리미리 필요 과목을 수강해 놓는 것이 좋겠습니다.

왜냐하면 정신건강임상심리사 2급 취득 자격 요건 중에는 학부 재학 당시 필수적으로 이수해야 하는 과목이 명시되어 있기 때문입니다. 정신건강임상심리사 2급을 취득하기 위해서는 **대학교에서 4과목 이상의 필수과목과, 6과목 이상의 선택과목**을 이수해야 합니다. 그 과목들은 다음과 같습니다.

정신건강임상심리사 이수 과목 정리

- 2급 학부 과정: 4과목 이상의 필수과목과 6과목 이상의 선택과목을 이수

- 필수과목(4과목): 임상심리학, 이상심리학, 심리평가(또는 심리검사, 심리진단), 연구방법론(또는 심리통계, 심리설계)

- 선택과목(29과목 중 6과목): 상담심리학, 집단상담, 가족상담, 아동상담, 특수아상담, 신경심리평가, 아동심리평가, 심리측정 이론(이상 상담 및 치료/평가 및 측정 과목 중 택 1), 발달심리학, 생리심리학(또는 생물심리학), 신경심리학, 실험심리학, 학습심리학, 인지심리학, 언어심리학, 성격심리학, 사회심리학, 지각심리학, 동기 및 정서 심리학(이상 기초과목 중 택 3), 건강심리학, 성심리학, 법정심리학, 행동의학, 재활심리학, 발달정신병리학, 임상현장실습, 스트레스와 적응, 노인심리학, 청년심리학(이상 응용 과목 중 택 2)

Q) 비전공자라서 학부 때 심리학 관련 과목을 하나도 수강하지 못했는데 어떡하죠?

타과생이어서 위의 과목을 아예 수강을 하지 못하였거나, 심리학과 재학생이나 위의 과목 몇 가지를 이수하지 못한 상태로 졸업해서 기본 지식이 부족하거나 정신건강임상심리사 2급을 취득하지 못할까 봐 걱정이 되시나요? 대학원마다 '선수과목'이라는 개념이 있습니다. 선수과목이란, 비전공자가 임상심리대학원을 진학했을 때 대학원 측에서 수강할 것을 요구하는 과목들인데요, 주로 학부생 수업에 함께 들어간다고 보면 됩니다. 물론 대학원 과정 중 선수과목을 듣는 것과 정신건강임상심리사 2급 이수과목을 채우는 것은 별개입니다. 선수과목은 말 그대로 학부 타전공자가 임상심리 대학원 공부를 위해 학부 과정에서 채우지 못한 심리학과 학부 수준의 과목을 듣고 지식을 보충하는 것을 의미합니다.

필요한 과목을 이수하지 못했다면, 심리학과 학부 조건이 아닌 정신건강임상심리사 2급의 지원 가능 요건 중 다른 하나인 산업인력공단 임상심리사 2급 자격을 취득하시기 바랍니다. 학부생이 대학교 졸업 후 산업인력공단 임상심리사 자격만 가지고 정신건강임상심리사 수련처에 지원할 경우 거의 모든 곳에서 서류에서부터 탈락하게 될 가능성이 높습니다. 정신건강임상심리사 2급의 표면적 지원요건이 학부 졸업 이상이라고는 하지만, 이는 취득 자체가 '가능'하다는 의미일 뿐,

정신건강임상심리사 2급 수련처에 이만하면 들어갈 수 있다는 의미가 아닙니다. 산업인력공단 임상심리사 2급 자격을 취득하라는 의미는, 임상심리 대학원 졸업 후 필기 공부, 실무 경험 등을 쌓아 이를 토대로 수련에 합격을 하였는데, 다만 이때 학부 당시 수강한 과목이 다소 부족할 경우 정신건강임상심리사 2급 취득 자격 확보를 위해 '임상심리사 2급' 명분을 빌릴 수 있다는 뜻입니다. 만약 이조차도 소유하고 있지 않다면 추후 문제가 될 수 있습니다.

또한 정신건강임상심리사 1급 과정에 들어갈 생각이라면 학부 때 수강하지 못한 과목들은 정신건강임상심리사 2급 취득을 위한 과정이므로 상관이 없습니다. 대학원 과정에서 1급에 필요한 과목들을 이수하면 됩니다. 그러나 수련 과정에 들어갈 때 꼭 1급 과정만 들어가고 싶다고 해도 해당 과정을 골라 선택해서 들어갈 수 없을 정도로 정신건강임상심리사 수련 자리 자체는 경쟁이 치열하기 때문에, 정신건강임상심리사 2급 취득을 위한 이수과목 등을 미리 챙기는 등 다양한 상황에 대비하기 위한 발판을 꼭 마련하셔야 합니다.

(3) 꼭 심리학과 학부를 나와야 할까요?

결론부터 말하자면, 꼭 그렇지는 않습니다. 서울·경기권 대학교 학부 과정 중 심리학과 전공이 있는 대학은 그렇게 많지 않습니다. 아동학과 또는 산업심리학과, 상담학과를 나오고 나서 대학원을 임상심리 전공으로 진학하는 방법도 있습니다. 또는 학부에서 진혀 다른 전공을 이수했지만, 개인적으로 스터디를 하는 등의 준비를 통해서 임상심리 대학원에 진학하는 분들도 계십니다. 다만, 심리학과를 전공하면 대학원 진학과 수련 지원 시 유리한 것이 사실입니다. 또한 학부 당시부터 심리학 전공을 하지 않은 것은 임상심리사로서 커리어를 쌓을 때 아주 간혹 장애물이 되는 경우도 있습니다.

우선, 특정 학교의 경우 대학원 입시 과정에서 학부에서 심리학과 전공심화 혹은 복수전공이 아닌 학생의 경우 애초에 서류에서부터 거르기도 하기 때문에 대학원에 들어가는 것에 제약으로 작용하기도 합니다. 따라서 타과생은 심리학과 학부생보다 더 많은 준비를 해야 할 뿐만 아니라, 본인의 전공을 뒤로하고 왜 임상심리전공 대학원에 입학하고 싶은지 교수를 설득할 수 있어야 합니다. 대학원 입학 후에도 선수과목으로 학부 수업을 3~4과목 정도 더 들어야 합니다. 세미나식 대학원 수업과 랩 생활 그리고 연구 등으로 바쁜 와중에 학기마다 1과목씩 더 들어야 되는 건 많은 부담이 되고, 차후에 수련을 준비해야 할 시간에 전혀 영향을 미치지 않는다고 보기는 어렵습니다.

그리고 바늘구멍 같은 수련 입시에서 학부에서 타 전공을 했다는 것은, 필기와 면접 모든 조건이 동일했다고 가정할 때 선발 우선순위에서 밀리는 요인으로 작용합니다. 성적이 좋거나 수련 시험 자체를 잘 본다면 수련 과정에 들어가는 것이 불가능한 것도 아니지만 현재 수련처는 대학원 졸업생 비율에 비해 상당히, 절대적으로, 매우 많이 부족하고 수련 과정에 들어가고자 하는 지원자는 점점 누적되고 있어 불리한 요소를 미리 만들지 않는 것도 좋겠죠.

정리하자면, 심리학과를 꼭 나오지 않아도 임상심리대학원을 나오면 임상심리사를 직업으로 삼을 수 있습니다. 그러나 그 과정 중 치열한 경쟁을 뚫기 위해서는 학부 때부터 심리학을 전공하는 것이 지식의 기초를 쌓기 위해서도, 임상심리사가 되기 위한 과정 중 불리한 요소를 최소화하기 위해서라도 다소 필요한 부분이라고 볼 수 있겠습니다. 그러나 위에 언급했듯이 일반대학원 임상심리전공 만큼의 중요도는 아니므로, 심리학과 전공인이 아니라고 해서 미리 낙담하지는 않았으면 합니다.

Q) 비전공자도 서울권 비전공자, 사이버대학 졸업생 등 형태가 다양한데 대학원 진학, 수련 과정 들어가는 난이도가 모두 비슷한가요?

보통 학부 심리학 비전공자의 경우, 출신 대학의 '간판'을 보고 뽑는 경우가 많습니다. 타 전공을 했다고 해서 다 같은 것이 아니라 자대 출신 학생은(비전공자) 자대 임상대학원에 진학하기 더 쉽다는 것이 현업 임상심리사들이 전반적으로 동의하는 바이며, 명문대 비전공자는 타 학교 임상대학원에 진학하기 더 쉬운 경향이 있습니다. 서울권의 상당수의 대학원들이 동일합니다.

　사이버대학과 특수대학원에도 임상심리전공이 만들어지고 있는 추세인데요, 경제적 이유로 직장을 다니면서 자신의 꿈을 위해 공부를 계속하는 분, 자신의 임상심리사 멘토가 사이버대학 교수로 있어서 그 밑으로 들어가서 공부하시는 분들과 같이 종종 일로 만나게 되는 사이버대학 졸업생분들이 수련을 가기가 상당히 어려워 힘들게 2년이 넘게 고생을 하시고도 임상심리사의 꿈을 접게 되는 안타까운 경우들을 종종 보게 됩니다. 타전공인의 경우, 나이나 경제적인 조건 등을 차치하고서라도 사이버대학이나 특수대학원 대신 이에 비해 조금 더 입학이 어려운 일반대학원이나 심리학과 편입을 권해 드리는 이유도 마찬가지입니다. 임상심리전공 일반대학원을 졸업하고도 필기나 혹은 알 수 없는 이유로 당락이 갈리는 치열한 경쟁 상황이기 때문입니다. 공부에서 그치는 것이 아니라 직업적 부분까지 생각하신다면 조금 더 정석적인 루트를 밟으시기 위하여 일반대학원에 진학을 할 것을 강하게 추천 드립니다.

(4) 임상심리학 대학원 진학에 도움이 되는 팁과 미리 체크해 보아야 할 것

　모든 심리학과 학부생이 전부 대학원으로 진학하지는 않습니다. 더욱이 임상심리사를 꿈꾸는 비율은 이보다도 더 적겠지요. 임상심리사가 되기로 마음먹은 학부생의 최대 관심사는 아마도 '임상심리대학원에 진학하는 것' 아닐까요? 허나 대학원 진학에는 낭설이 가득합니다.

　'학점이 중요하다? 나는 학점 평균이 4.0이 안 되는데? 미리 가고자 하는 대학원 교수님에게 컨택을 해야 한다? 공인영어 점수가 있어야 한다? 심리학과 과목 한 개가 C인데 재수강해야 하나?'

　여러 설들이 가득한 이유는 대학원마다 입시제도가 다를 뿐 아니라 교수님들이 선발 기준이 각기 다르기 때문일 것입니다. 담당 교수님들이 어떤 요소에 중심을 두고 있느냐가 당락을 좌우하는 가장 강력한 요인이기 때문에 대학원 입시에 명시된 정확한 답이 없고, 한마디로 담당 교수 재량이 크게 작용한다고 볼 수 있습니다.

　학부생 입장에서는 그저 혼란스러울 수밖에 없어 불안한 마음에 이것저것 닥치는 대로 준비를 하기 마련입니다. 만약 시험을 치고 성적 순대로 줄 세워서 뽑는 방법이 일반적이라면 정말 공부만 치열하게 하면 되겠지만, 여러 요소를 종합하여 최종 결정을 하는 것은 교수이며, 교수님들만의 공통적인 기준도 어느 정도는 존재합니다. 그래서 보편적인 대학원 진학 팁들과 공통적으로 대학원 졸업생들과 교수들이 이야기하는 부분에 대해 서술해 보려 합니다(참고로, 필기시험 성적순으로 해서 뽑는 대학원은 가톨릭대학교 대학원이 대표적이라고 알려져 있기 때문에, 타과생인 경우 열심히 시험을 준비한다는 가정 하에 이러한 입시 방법을 생각해 보아도 괜찮겠습니다).

대학원 진학을 위해 학부생들이 노력하여 준비하는 대표적인 것 중 하나가 **공인영어점수**입니다. 영어점수의 경우 대학원 졸업요건에 포함되어 있기 때문에 대부분의 대학원 입시에서 일정 점수 이상의 공인영어성적을 요구합니다. 이것도 역시 학교마다 요구하는 공인영어점수의 종류나 점수 범위는 다르기 때문에 미리 확인을 해야 합니다. 예를 들어, 서울대학교는 텝스를 요구하고 성신여자대학교 일반대학원 같은 경우에는 토익점수를 요구합니다. 토플 점수를 요구하는 대학원도 간혹 있으니 자신이 진학하고 싶은 대학원의 홈페이지에 방문하여 졸업요건이나 입학요건을 확인하고, 이에 맞는 영어시험과 점수를 획득해 놓는다면 대학원 입시 필기와 면접에 더 효율적으로 집중할 수 있겠습니다.

학부 연구조교(RA)? 시간이 많이 남는다면 해도 괜찮습니다. 다만,

진학하려고 하는 대학원에서 하는 것이 득입니다. 그게 아니라면 무조건 좋은 학교에서 하는 것이 좋습니다. 솔직한 이야기로 RA는 말 그대로 대학원생과 교수의 잔업 보조입니다. 대학원생의 일손이 부족하고 잡일을 전부하기에 부담스럽기 때문에, 녹취록 풀기, 연구 대상자에게 전화하기, 통계 프로그램에 수치 입력하기 등 단순연구보조업무를 시키는 경우가 많습니다. 따라서 상당히 단조로운 업무일 수 있겠고 대학원 생활의 간접적인 체험밖에 되지 않는 경우도 많습니다.

RA의 핵심은 대학원생들을 관찰하며 이러한 생활을 2~3년간 할 수 있을지 미리 겪어 보는 것입니다. 그리고 마찬가지로 교수 입장에서도 학부생을 미리 관찰하며 겪어 봅니다. RA 자체가 합격에 도움이 된다기보다는, RA를 아주 성실하게 잘 다니며 교수에게 눈도장을 찍고 호평을 얻었다면 도움이 될 수 있겠으나 이렇게 시간과 노력을 들일 자신이 없다면 차라리 RA를 하지 않고 학점 관리를 하는 것이 나을 수도 있습니다. 따라서 굳이 RA를 해야 한다면 계속적인 면접이라고 생각하면 도움이 될 수도 있습니다. 교수 입장에서는 RA를 한다고 해서 우리 대학원에 입학시켜 줄 것이라고 확언할 수 없습니다. 실제로 RA를 한 사람이 그 대학원에 지원하여 합격한 확률도 딱히 높지는 않은 편이고, 대부분의 대학원 입시를 경험한 임상심리사들에게 물었을 때 RA 경력이 없는 사람이 대다수이며, 성적이나 대학원 입시필기 시험 점수 등이 확보되었을 때 다른 경쟁자들보다 조금 더 보탬이 되는 요소이지 해당 대학원 연구실 입학의 당락을 결정짓는 치명적인 요소는 아니라는 점이 전반적인 의견이었습니다.

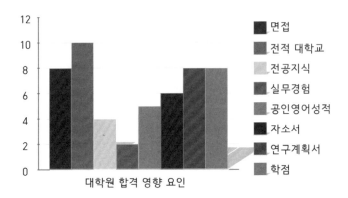

대학원 합격 영향 요인

면접
전적 대학교
전공지식
실무경험
공인영어성적
자소서
연구계획서
학점

* 서울권 내의 임상심리학전공 일반대학원을 졸업한 임상심리사 10명을 대상으로 복수응답의 투표를 진행해 보았습니다.

Q) 석사 지원 시 어떤 요소를 중요하게 여기고 지원을 했으며, 실질적으로 어떤 부분이 합격에 도움이 된 것 같았나요?

있으면 확실하게 도움이 되는 요인

심리학과 출신, 전적대학교가 얼마나 좋은 곳인지 여부, 면접 시 좋은 어필, 낮지 않은 학점(3.9~4.5), 해당 학교의 졸업요건 공인영어점수 보유, 틀이 잡힌 연구계획서, 지도교수의 논문을 보고 지도교수의 관심 분야 파악하기, 지도 교수의 관심 분야의 핵심 개념 파악, 잘 쓴 자기소개서

플러스가 될 수 있으나, 입시에 크게 여부를 결정하지 않았다고 다수의 임상심리사들이 말하는 것

사회조사분석사, 실무 경험(RA, 학술대회수상), 세부적인 전공지식, 해당 학교의 졸업요건에 해당하지 않는 공인영어 점수, 1~2개 정도의 C학점

〈임상심리전공 석사 졸업생들의 생생한 대학원 입시 이야기〉

A: 열심히 전공 지식 달달 공부해서 갔는데 면접은 10분 만에 끝났어. 오히려 연구계획서의 연구 주제를 흥미로워하면서 질문을 더 하시더라고.

B: 『AP psychology』라는 책을 사서 공부했었는데 결과적으로는 내가 가려는 학교에는 필기시험 자체가 없었어. 누군가가 말해 줬더라면 그 시간에 그냥 대학생활을 만끽했을 것 같아.

A: 나는 타과생에 타 대학생이라 컨택을 했는데, 나한테는 그게 맞는 선택이었던 것 같아. 입학해서 보니까 동기 중에 나 빼고 다 컨택을 미리 안 하고 왔더라고. 근데 그건 그 친구들이 전공자여서 가능했던 것 같아. 정답은 없어.

C: 고려대학교는 면접 때 영어로 질문했었어. 필기가 영어일 거라고만 생각했는데 엄청 당황했어. 식은땀 나고.

B: 아주대학교의 경우 2~3명이 면접에 들어가서 교수님이 내주시는 문제에 먼저 손을 드는 사람에게 답변권을 주는 방식이었어. 일단 문제에 답을 생각하지도 않고 손을 들었다가 대답을 잘 하지 못해 부끄러웠어. 지금 생각해도 이불킥이야.

D: 같은 심리학과 학부 출신 친구는 성적이나 대학원 입시시험에서 거의 만점에 가깝다고 봤는데, 면접에서 자신의 정신과적 문제를 오픈한 게 화가 된 것 같다고 얘기했어. 그 친구는 교수님과의 면접에서 자신이 조울증을 앓아서 자연스레 임상심리학에 관심을 가지게 되었다고 했는데, 교수님의 표정이 좋지 않았다고 하더라고. 결국엔 그 대학원에 떨어졌지. 대학원에 들어가서 교수님과 친해지고 한번 조심스럽게 여쭤봤는데, 교수님 입장에서는 대학원에서의 연구과정이 고되고 직업적으로도 쉽지 않은 길이라서 내면이 단단하고 다양한 상황에서도 견딜 수 있는 자원이 있는 건강한 학부생을 뽑으려고 한다고 이야기해 주더라.

(5) 돌아갈 구석은 마련해 둬라
- 플랜 B를 위한 복수전공, 부전공 선택

임상심리 대학원을 진학하고 자격을 취득하여 그것으로 직업을 정해 먹고살기에는 상당히 긴 시간이 걸리고, 이 기간 중 너무 힘들거나 반복된 낙방으로 인해 마음이 변할 수도 있습니다. 사람은 입체적이기 때문에, 임상심리사가 되기 위한 나름의 과정을 밟는 중에도 임상심리보다 더 관심이 가는 분야가 눈에 들어올 수 있습니다. 그럴 때 새로운 길을 모색해 보거나 이직을 진지하게 고려하는 시기도 오게 됩니다.

오로지 임상심리사만을 목표로 진로를 정할 경우 여러 가지 고비에서 좌절이 올 수도 있습니다. 임상심리사가 되기까지 대학원 입학, 1차 수련시험, 2차 수련시험 등 여러 단계를 거치기 때문에 그 단계들의 문턱에서 여러 번의 고비가 찾아옵니다. 실제로 대학원 입시 과정에서 많은 사람들이 임상심리 대학원의 문을 넘지 못하고 대학원 과정에서 졸업을 하지 못하는 경우도 있습니다. 그리고 가장 문제가 되고 있는 수련 입시에서도 수련처의 부족으로 상당수가 임상심리사 진로를 포기하는 비율도 높습니다. 어려운 관문을 뚫고 마지막으로 임상심리사 수련 과정 중 적성의 문제와 건강상의 문제로 직업을 떠나게 되는 경우도 종종 있습니다.

또한 실제 임상심리사라는 직업이 추구하는 가치가 나의 직업관과 맞지 않는 등 경험을 해 봐야 확인할 수 있는 직업적인 장단점이 있습니다. 그렇기 때문에 심리학이 아닌 다른 전공을 복수전공, 부전공으로 선택하는 것은 임상심리사가 아닌 다른 직업에 대한 선택권을 넓히고 다양한 시각을 기르기 위해서도 권장할 만하겠습니다.

(6) 대학원 재수를 할 경우, 직업 활동과 병행하는 것도 괜찮다

대학 졸업 후 곧바로 대학원에 진학할 수 있으면 가장 좋지만, 그렇지 못했다고 하더라도 너무 좌절하거나 두려워할 필요는 없습니다. 생각보다 많은 수의 학생들이 학부 졸업 후 공백기가 있기 때문입니다. 직업생활을 하지 않으며 대학원 재수 준비를 하는 것보다는 어느 정도의 직업 활동을 하면서 시간을 쪼개 대학원 스터디를 하거나 인턴 준비를 하는 것도 충분히 가능하고 도움이 됩니다. 수련 준비라면 직업 활동을 하면서 준비하는 것이 어렵고 시간의 부족을 느낄 수 있지만, 대학원은 충분히 입시 준비를 할 수 있으며, 학부 졸업 후 다른 일을 하다가 대학원에 진학한 경우를 많이 찾아볼 수 있습니다.

현실적으로 가장 중요한 금전적인 측면에 대해 이야기하자면, 임상 심리대학원을 입학하게 될 경우, 한 학기에 약 400만 원의 등록금과 생활비, 학회 연회비, 학술제 참여비 등의 지출이 발생하게 됩니다. 본가에서 경제적으로 지원을 해 준다고 하더라도 대학원 기간을 포함하여 최소 3년에서 길게는 6년 동안 벌이가 시원치 않을 가능성이 상당히 높습니다. 경제적인 이유에서라도 자격증 취득을 위한 여웃돈을 모아두는 것이 스스로에게 안정감을 주고 경제적인 이유로 임상심리사 수련 과정을 포기하거나 미루게 되는 일이 발생하지 않게 도와줍니다.

2

임상심리 대학원 입시

임상심리사가 되기 위해 흔히들 '정통'이라고 말하는 코스인 **대학교 심리학과 전공 → 일반대학원 심리학과 임상심리전공 → 정신건강임상심리사 수련 과정**을 거친 사람의 경우에도 임상심리 대학원을 진학하기 위한 정보를 얻기 위해 애를 먹곤 합니다. 나중에 대학원에 합격하고 나서도 학부 때 미리 알았더라면 시간을 낭비하지 않았을 준비 사항들이 많았음을 알게 되기도 합니다. 그만큼 심리학과 학부생들이 대학원을 막연한 상태에서 준비하는 경우가 많습니다.

앞의 챕터에서 잠시 설명했듯이, 대학원마다 요구하는 조건이 다르기 때문에 원하는 대학원의 입시 기준에 따라야 합니다. 예를 들어 가톨릭대 임상심리전공 같은 경우는 필기시험의 비중이 높기로 유명한 반면, 과거 충남대학교에서는 서류와 면접만으로 대학원 학생을 선발하는 전형도 있었습니다. 고려대학교의 경우 학점을 비중 있게 참조하는 경향이 있다고 많은 사람들이 이야기합니다. 이와 같이 입시 조건들이 다양하지만 대학원 입시에 도움이 된다고 여겨지는 공통 사항은 대체로 다음과 같습니다.

(1) 학부 성적

임상심리 대학원에서는 대학원생으로서 공부와 연구를 함께하며 학교생활을 해야 하기에 지도교수님들은 성실한 학교생활의 지표인 학점이 높은 학생을 선발하려고 하는 경향이 있습니다. 해외 연구에서도 대학원 적응을 가장 직접적으로 예측하는 강력한 변인으로 학부 학점을 꼽는 것처럼, 학점은 교수들이 입시에 참조하기에 가장 객관화되고 수량화된 강력한 지표입니다. 따라서 학부에서 심리학을 전공하지 않은 타 전공 학부 졸업생의 경우 학점 관리에 더욱 신경을 써야 하겠습니다. 그리고 심리학 관련 과목(심리학 개론, 각 각론 과목, 특히 임상심리학 관련 과목)의 학점 중 1~2개 정도 C 정도의 낮은 성적일 경우 크게 눈에 띄지 않을 수 있으나, 일관되게 심리학 과목의 성적이 여타 과목의 성적보다 현저히 낮아서 성적증명서를 훑어보는 데에도 '왜 심리학 과목의 성적만 이렇게 낮은지' 의문이 들 정도로 눈에 띄는 수준이라면 재수강을 해서라도 학점 관리를 하는 것이 필요할 것입니다.

(2) 공인영어 성적

앞 챕터에서 설명했듯, 상당수의 대학원에서 졸업요건으로 토익 또는 텝스, 토플 점수 중 하나를 요구합니다. 필수로 요구하지 않는 대학원도 있으나 졸업 전까지는 영어 점수를 만들어야 하기 때문에 대학원 입학 전 해당 대학원 홈페이지에 방문하여 졸업요건을 확인 후, 해당 공인 영어 시험을 꾸준히 보면서 어느 정도의 점수를 만들어 놓는 것을 추천 드립니다.

(3) 대학원 필기

대학원 필기에 대해서 명쾌하게 얘기되는 부분은 많지 않습니다. 가장 명확한 답은 '대학원마다 요구하는 것은 다르다.'라는 것입니다. 우선, 대학원마다 필기시험이 있는지 유무를 확인해야 합니다. 많지 않지만 필기시험이 없는 대학원도 있습니다. 예를 들면, 성신여자대학교 일반대학원 입시에서는 필기시험을 보지 않는 대신 전적대학교, 심리학과 전공 여부를 서류 전형에서 크게 살핍니다. 그만큼 면접의 비중도 크겠습니다. 그러나 고려대학교, 가톨릭대학교, 연세대학교, 덕성여자대학교, 아주대학교, 중앙대학교, 한림대학교, 충북대학교, 부산대학교, 경상대학교, 경북대학교 등의 상당수의 일반대학원들은 필기시험을 보기 때문에 필기시험이 있는 대학원에 진학하고 싶다면 대학원 입시요강에 나와 있는 출제 범위에 대해서 숙지해야 합니다. 많은 임상심리학 석사 출신 임상심리사들의 경험상 일반적으로 심리학 개론서, 심리학 각론서들을 보면서 요약정리가 필요합니다. 심리학 학부 출신일 경우 매번 듣는 심리학 과목을 그때그때 요약해 두면 좋을 것입니다. 심리학 학부 출신이 아닌 경우 심리학 개론과 각론서를 꼼꼼하게 보면서 정리하는 작업이 따로 필요합니다. 객관식 또는 주관식 여부 그리고 영어 문제 여부 역시 확인해야 할 것입니다. 객관식의 경우 원서 『AP psychology』가 흔히 입시 대비서로 쓰이고 있습니다. 문제가 모두 영어로 나오는 대학원도 있고, 독해 문제만 영어로 나오는 경우도 있습니다. 영어 독해 문제는 거의 다 나오기 때문에 평소에 영어 논문 또는 원서를 보고 해석하는 연습을 한다면 도움이 될 것입니다. 한 가지 추가적인 팁은 가고자 하는 대학원의 교수님의 강의계획서 등을 확인하고 해당 학교의 심리학 개론서 등을 파악하여 해당 전공서 위주로 정리해 나가면 도움이 될 수 있을 것입니다.

(4) 대학원 면접

대학원 면접장에서는 보통 자신이 진학하고자 하는 전공의 지도교수님을 만나게 됩니다. 지도교수님에게 학생 선발에 전권이 있는 것은 아니지만 상당히 큰 비중을 차지하고 있다고 알려져 있습니다. 우선, 대학원 면접에서는 거의 모든 교수님들이 해당 연구실에 진학하려는 이유, 임상심리학을 전공하려는 이유와 연구 관심 분야에 대해 질문한다고 생각하시면 간단합니다. 연구 관심 분야는 특별히 자신이 꼭 이 연구 주제를 해야만 하는 필연적인 이유가 없다면 지도교수님의 관심 분야와 중복되는 것이 합격에 도움이 될 것입니다. 반대로 생각해 봅시다. 지도교수님 입장에서 자신과 연구 방향이 비슷한 제자를 두는 것을 선호할지 자신이 관심이 없거나 잘 모르는 분야에 관심이 있는 학생을 선호할지는 크게 고민해 보지 않아도 알 것입니다. 일부 대학원에서는 면접에서 구술시험을 보는 경우도 있기 때문에 자신이 가고 싶은 대학원의 면접시험 분위기를 사전에 파악해 보아야 합니다.

(5) 대학원 입시 준비생들을 위한 면접질문 예시

실제 현업 임상심리사들이 임상심리대학원 면접 시 받아 본 질문들을 취합하여 만들었습니다. 세세한 심리학적 지식에 대해 묻는 경우는 많지 않았으나, 해당 연구실에서 다루는 핵심적인 개념을 간혹 구두로 물어보는 경우가 많았고, 대부분은 지원 동기와 연구 관심 분야에 대해 질문하는 경우가 많았습니다.

• 심리학 지식에 대한 질문 예시

- 'evidence based therapy'가 뭔지 영어로 설명해 보세요.
- 공포증 형성에 대한 Mowrer의 2 factor theory에 대해 영어로 설명해 보세요.

• 지원 동기에 대한 질문 예시

- 임상심리학을 전공하고자 하는 동기는?
- 이 연구 계획서로 연구를 하고 싶은 이유에 대해 말해 줄 수 있나요?
- 관심 분야가 뭔가요?

• 기타(성격, 진로 방향 등) 질문 예시

- 수련 과정까지 다 끝내려면 10년 가까이 돈을 써야 할 텐데, 준비를 하고 왔나요?
- 자신의 성격의 장단점을 이야기해 보세요. 그리고 석사 과정 중 연구 과정에 미치는 영향을 어떻게 관리할 방안이 있는지 말씀해 보세요.
- 다른 대학원 쓴 곳이 있나요? 여러 곳에 붙으면 어떤 결정을 하실 건가요?
- 대학원을 마치고 앞으로의 진로 방향을 미리 생각해 보았나요?

3

임상심리 대학원별 특징:
이런 대학원을 골라라!

(1) 일반대학원? 특수대학원? 사이버대학원?

전문적인 임상심리사로 인정받기 위해서 정말 특수한 경우를 제외하고는 특수대학원이나 야간대학원은 추천하지 않습니다. 수련을 가기 상당히 어려울 뿐 아니라 체계적인 교육의 양과 질적인 측면에서 일반대학원을 졸업한 학생들에 비해 현저하게 차이가 나기 때문입니다. 향후 구직 시에도 일반대학원을 졸업하고 자격을 취득한 임상심리사에 비해 직업을 선택할 수 있는 스펙트럼이 상당히 좁아질 수 있습니다. 기왕 마음을 굳게 먹었다면, 전문적이고 체계적으로 공부할 수 있는 루트인 일반대학원에 진학하시기를 추천합니다.

수도권 내에는 상당히 많은 임상심리 대학원이 있습니다. 임상심리대학원이라고 명시되어 있지 않아도 임상발달, 게슈탈트, 건강심리, 인지심리, 임상신경 등까지도 포괄적으로 임상심리학 커리큘럼이 충족이 되는 대학원이라면 임상심리학 전공이라고 총칭할 수 있습니다. 크게 서울대, 고려대, 이화여대, 성신여대, 아주대, 동덕여대, 덕성여대, 중앙대, 가톨릭대 등이 있습니다. 한국임상심리학회 사이트(http://kcp.or.kr)에서 임상심리 전공이 설치된 대학원 명단을 확인하실 수 있습니다. 부록에 수록한 'B. 전국 임상심리전공 대학원' 리스트를 확인하셔도 좋습니다.

(2) 이런 대학원을 고르면 1년을 절약할 수 있다!

대학원 과정이 임상심리전문가 수련 과정으로 인정받을 수 있는지 확인하기

임상심리전문가라는 임상심리학회 발급 자격은 3년의 수련 기간을 요하는데, 그중 1년은 임상심리 대학원에서 인정받을 수 있습니다. 임상심리전공이 설치되어 있는 학교 중 지도교수가 임상심리전문가 자격이 있다면 대학원 과정을 임상심리전문가 수련 중 1년으로 인정받을 수 있습니다. 그래서 대학원에서 1년 수련을 인정받았을 경우 졸업을 하고 나서 3년이 아닌 2년의 추가 수련을 통해서 임상심리전문가를 취득할 수 있습니다. 1년이라는 시간을 절약할 수 있으니 상당히 중요한 측면이라고 볼 수 있습니다.

일부 대학원의 경우 임상심리전공 대학원이지만 간혹 지도교수님들 중에 임상심리전문가 자격이 없어서 아쉽게도 대학원 과정을 인정받지 못하는 경우가 있다고 합니다.

대학원별 연구실의 분위기

대학원은 교수가 지도하는 연구실(랩=Lab)이라는 단위의 조직으로 이루어져 있습니다. 심리학과 대학원의 경우 랩의 성격이 교수님의 스타일별로 천차만별입니다. 실험을 중시하는 지도교수님 밑으로 들어간다면, 대학원 과정 중 연구실에서 머물면서 연구에 매진하는 시간이 많습니다. 연구 역량을 키우기에는 좋지만 수많은 과목을 듣고 실습과 수련 시험 준비를 해야 하는 임상심리 대학원생에게는 시간 활용에서 아쉬움이 남을 수도 있는 환경입니다. 반면 연구실은 존재하지만 실험 연구가 많지 않은 랩은 좀 더 자유로운 분위기로 연구실에 상주하지 않는 환경도 많습니다. 수련 준비나 외부 인턴 등 자유롭게 시간을 활용할 수 있는 점은 장점이지만 연구 학기에 접어들면 선후배의 도움을 받기 어렵다는 점과 선후배 간의 결속이 조금 약할 수 있다는 점이 단점입니다.

선배들이 현장에 어느 정도 포진되어 있는가 그리고 도움을 받을 수 있는가?

보통 임상심리전문가 또는 정신건강임상심리사 수련처 슈퍼바이저나 공공기관 센터에 많은 선배 임상심리사들이 재직하고 있습니다. 어떤 학교에서는 1년에 한 번씩 재학생과 졸업생들이 만나서 교류하는 대학원도 있는 반면 전혀 그러한 기회가 없는 대학원도 많습니다. 현장에 자기 학교의 선배들이 얼마나 있으며, 교류의 질은 어떠한지 미리 아는 것 또한 도움이 될 것입니다. 왜냐하면 수련 과정에 대한 정보 등이 아직도 선후배 관계나 지인 등을 통해 구시대적이고 배타적으로 구전되고 있는 곳도 있기 때문입니다. 이러한 폐쇄적인 환경이 대학원생들에게 많은 부담과 스트레스로 작용하기도 합니다. 신생 임상심리전공 학교 졸업생들은 처음 수련 시험을 보거나 구직을 함에 있어서 막막함을 보이는 경우도 많다고 합니다. 수련이 끝나고 자격을 취득한 후에도 실무현장에서 동 대학원 출신 선배들이 있는 경우 취업이나 현장에서 어려운 상황에서 도움 받을 기회가 더 많아집니다.

석사 졸업까지 걸리는 기간은? 석사 졸업을 못하는 경우도 있는지?

보통 석사 과정은 4학기면 끝이 나 수료 상태가 됩니다. 그래서 빠르면 4학기 만에 졸업하는 사람들도 있습니다. 그러나 임상심리전공에서는 과목을 들으면서도 할 일이 많기 때문에 4학기 중에는 본격적으로 석사 논문 준비를 하기가 어려워 4학기 과정이 끝난 후 방학부터 연구에 대한 준비를 본격적으로 하고 5학기를 연구 학기로 등록하여 5학기에 졸업하는 대학원생이 상당수입니다. 즉, 5학기에 졸업할 수 있다면 평균적인 수준입니다. 그러나 어떤 대학원의 경우에는 지도교수님이 석사 과정 중 국내외 학술지에 최소 한 편의 학술지를 낸 조건으로 학위 논문을 쓰게 해 주거나 그렇지 않은 경우라도 논문의 주제가 너무 마음에 들지 않으면 계속 거부를 하여 결국 졸업을 포기하고 이 진로를 포기하는 학생도 간혹 보입니다. 개인의 역량으로 돌리기에는 너무나 아쉬운 경우가 많습니다. 이러한 정보도 졸업생들로부터 알음알음 듣는 경우가 많아 가고 싶은 학교 및 지도교수님 연구실에 대해 입학 전 사전 정보를 최대한 많이 획득하시는 것이 차후의 시간적, 경제적, 심리적 손실을 최대한 막을 수 있는 길입니다.

(3) 학위 논문 쓰기

학위 논문 쓰기의 과정은 크게 연구 계획서 작성 → 연구 계획 프로포절(Proposal) → 논문 작성 → 논문 결과 디펜스(Defense)를 거치게 됩니다. 이렇게 간단해 보이지만 그 과정에서 연구 주제를 선정하고 선행 연구를 탐색하고, 지도교수님과 논의를 하고 실험 패러다임 또는 연구 설계를 하는 등 수 많은 땀과 시간이 들어갑니다. 그래서 논문을 한 편이라도 써 본 사람은 다른 사람의 논문 퀄리티를 쉽게 폄하하지 못하는 것이지요.

학부 과정과 다르게 일반대학원 석사 과정에서는 반드시 논문을 써야 졸업을 할 수 있습니다. 이 과정에서 오는 부담감은 상당합니다.

'나는 현장에서 심리검사와 심리치료만 하고 싶은데, 왜 연구를 해야
할까. 학부 때 통계도 잘 못했는데.' '나는 학부 때 심리학 비전공자라
임상심리학 관련 공부만 따라가기도 벅찬데 논문까지 쓰라구요?'

문과 전공생들이 마주하는 통계의 생소함과 어려움을 고려하면 어느 정도 공감이 되는 이야기지만 임상심리사는 기본적으로 연구자-실무자 모델을 따르고 있기 때문에, 연구자로서 갖춰야 하는 최소한의 연구 역량이 필요합니다. 어쨌든 논문을 써야 하는 것의 당위성에 대한 이야기는 여기까지 하고 논문 쓰기의 과정에 대해서 설명을 드리겠습니다.

기본적으로 석사 학위 논문의 경우, 크게 1) 설문지형 연구, 2) 실험 연구, 3) 질적 연구 이렇게 나뉜다고 봐도 무방하겠습니다.

설문지형 연구는 가장 보편적으로 실시되고 있는 연구 방법으로 많은 수의 응답된 설문지를 토대로 연구 방법에 맞는 통계 기법을 사용하여 결과를 도출해 냅니다. 실험 연구에서는 좀 더 미시적인 환경에서 통제된 실험 방식을 사용하여 연구 결과를 도출해 냅니다. 질적 연구는 일반대학원에서 단독으로 진행되는 경우는 거의 없지만 간혹 단일 사례 연구나 특이 사례를 연구한 경우 질적 연구를 통해서도 석사 학위를 취득하는 경우도 있습니다.

이러한 연구 방법의 차이는 사실 지도교수님의 연구 방식과 자신의 연구 주제에 따라 달라지는 것 같습니다. 어떠한 연구가 쉽고 어렵고 는 사실 따지기 어려운 것 같습니다. 그래서 일반적인 연구 과정을 제 시를 해 보면 다음과 같습니다.

> 선행 연구 탐색 → 연구 주제 선정 → 연구 방법 결정 → 선행 연구 정리 → 가설 설정 → 예비 연구 계획 → 예비 연구 실시 → 본 연구 실시

(4) 임상심리전문가, 정신건강임상심리사 1급에 필요한 과목 이수해 놓기

대학교에서와 마찬가지로 대학원에서도 향후 임상심리전문가, 정신 건강임상심리사 1급 취득을 위해 필수로 수강해야 하는 과목을 이수 하는 것을 권장합니다. 다음 표에 정리하였습니다.

임상심리전문가 이수 과목 정리

석사 과정 수료생이나 석사학위 취득자 혹은 그에 준한 자의 경우 수련 등록 시 대학원에서 임상 관련 과목을 3과목 9학점 이상, 방법론 관련 기초 과목을 1과목 3학점 이상 이수하여야 한다.

대학원 과정의 경우 재학증명서를 제출하여야 하며, 대학원에서 임상 관련 과목 3과목 9학점 이상, 방법론 관련 기초 과목을 1과목 3학점 이상 반드시 이수하여야 한다.

임상 관련 3과목에는 다음의 세 영역에 대해 각각 1과목 3학점 이상 포함되어야 한다.

- 정신병리: 정신병리학, 고급 이상심리학 등
- 심리치료: 심리치료, 행동치료, 인지치료, 인지행동치료, 재활심리치료 등
- 심리평가(또는 진단): 심리진단, 심리평가, 고급심리평가, 신경심리평가, 행동평가 등

정신건강임상심리사 1급 이수 과목 정리

- 1급 대학원 과정: 4과목 이상의 필수과목과 3과목 이상의 선택과목 이수
- 필수과목(4): 정신병리학(혹은 고급이상심리학), 심리평가(혹은 심리진단, 심리검사), 심리치료(고급상담이론), 연구방법론(혹은 고급심리통계, 고급심리설계)
- 선택과목(25과목 중 3과목): 인지치료, 행동치료, 정신분석치료, 집단치료, 아동심리치료, 노인심리치료, 예술치료, 놀이치료, 가족치료, 게슈탈트치료(이상 상담 및 치료과목 중 택 1), (임상)신경심리평가, 아동심리평가, 투사검사, 고급측정이론, 다변량분석(이상 평가 및 측정과목 중 택1), 재활심리학, 임상현장실습, 건강심리학, 발달정신병리학, 신경인지과학, 고급발달심리학, 고급생리심리학, 고급학습심리학, 고급인지심리학, 고급성격심리학(이상 기초 및 응용 과목 중 택1)

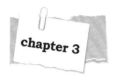

chapter 3

임상심리사 수련 과정

$$1$$

임상심리전문가? 정신건강임상심리사?
임상심리사? 1급? 2급?
각 자격증별 차이와 특징

임상심리학 그리고 상담심리학 분야에서는 상당히 많은 민간자격이 남발되어 있어 일반인이 자격 간의 차이를 잘 구별하기 어렵습니다. 민간자격에 대한 규제가 없으니, 처음 접하는 사람 입장에서는 명칭도 비슷하여 혼돈하기 쉽습니다. 그러나 일반적으로 **'임상심리전문가' '정신건강임상심리사(정신보건임상심리사)'** 이 두 개의 자격이 가장 취득이 어려우며 가장 전문적인 수련 과정을 필요로 하고, 임상심리 관련 취업 시 위 두 자격의 취득 여부를 최우선적으로 본다는 사실에는 전공자들의 압도적 대다수가 동의하는 바입니다.

(1) 한국임상심리학회 임상심리전문가

한국임상심리학회에서 발급하는 민간자격입니다. 임상심리학회에서 가장 아끼는 자격과정으로 대학원 석사 수료 이상+3년간의 임상 수련이 요구됩니다. 수련을 마친 현직 임상심리사들에게 물어본 결과, 임상심리 관련 자격증 중 가장 취득하기 어려웠다고 하는 자격증으로 입을 모으고 있습니다. 어려운 이유는 학위 조건과 3년간의 수련도 힘든 조건이지만, 그 과정 중 채워야 하는 요구 조건이 많기 때문입니다.

임상심리전문가 수련 내역 요구조건
1) 심리평가: 300시간 및 종합평가 30례 이상(석사), 200시간 및 종합평가 20례 이상(박사 과정), 150시간 및 종합평가 15례 이상(박사)
2) 심리치료: 300시간 이상(석사), 200시간 이상(박사 과정), 150시간 이상(박사)
* 심리치료 이수 시간 중 50%까지는 수련생 개인의 교육분석을 위한 개인치료 및 집단치료에 참여한 경험을 인정
3) 심리치료 사례 발표 2회 이상(4시간)
* 사례 발표 2회 중 1회는 본 학회 논문 발표(포스터 혹은 구연 발표)로 대체 가능
4) 연구 논문 1편 이상 발표
5) 학술회의 30시간 이상, 사례회의 10시간 이상 참석
6) 대외협력 지원사업 30시간 이상 참석
7) 윤리교육 1회 이상 참석

임상심리전문가 취득 기준

한국임상심리학회에서 정한 소정의 수련 과정을 이수한 후 임상심리전문가 자격시험에 합격해야 함

1) 석사학위(임상심리학 전공) 과정 이상: 임상심리전문가의 지도하에 3년 이상의 수련 과정을 마친 석사학위 취득자

2) 박사학위(임상심리학 전공) 과정 이상: 임상심리전문가의 지도하에 2년 이상의 수련 과정을 마친 박사학위 취득자

3) 박사학위(임상심리학 전공) 취득 이상: 임상심리전문가의 지도하에 1년 이상의 수련 과정을 마치고 임상심리전문가 자격시험에 합격

4) 석사학위(임상심리학 전공) 취득 이상의 학력으로 외국에서 임상심리전문가 자격증을 취득한 후 국내의 관련 분야에서 1년 이상의 실무 혹은 교육 경력을 갖추고 임상심리전문가 자격시험에 합격

요구되는 조건이 많죠? 이 중에서 자격 취득에 가장 발목을 잡는 것은 두 항목입니다. 우선 **학술 논문 발표**입니다. KCI 등재예정지 이상의 학술지에 수련 기간 중 1저자의 학술지를 등재해야 합니다. 대부분 자신의 석사학위 논문을 보완·수정하여 제출하곤 합니다. 여러 가지 사정으로 이 조건을 충족하지 못하는 경우 임상심리전문가 자격을 포기하는 수련생분들이 많았습니다. 석사 논문을 보완·수정하지 못하는 경우 병원이나 다른 기관의 연구에 참가하여 IRB 심의를 거쳐 새로 학술 논문을 써야 하기에 상당한 부담이 되는 요건입니다. 그 다음으로 어려운 건 **사례 발표**입니다. 사례 발표 2번이 필요하며 사례 발표 2번 중 1번은 학회 학술대회 내에서의 포스터 발표로 대체할 수 있습니

다. 포스터 발표란 자신의 논문을 요약해 큰 사이즈의 포스터로 인쇄하여 학회가 마련한 발표 공간에 학회가 열리는 며칠간 게재해 놓는 것입니다. 포스터 발표로 사례 발표 1번을 충족하더라도 다른 1번의 사례 발표는 가장 부담스럽고, 심리치료도 공들여 수행하고 비용도 들며 사례 발표를 위한 기회도 제한되어 있어 수련 과정 중에 발 빠르게 움직여야 됩니다. 이러한 과정을 거친 후 필기시험과 면접시험을 통과하면 자격증이 발급됩니다. 이러한 노력에도 불구하고 자격증 자체는 민간자격이라 일부 공공기관에서는 이 자격증을 인정해 주지 않거나 중요시 여기지 않는 곳도 있어 자격 취득자들에게 좌절감을 주기도 하지만 현존하는 임상심리 관련 자격증 중 가장 상징성이 있고 정신건강임상심리사와 더불어 공식적으로 인정받고 있는 자격이라 할 수 있겠습니다.

(2) 보건복지부 정신건강임상심리사

보건복지부에서 발급하는 국가전문자격입니다. 과거에는 정신보건임상심리사라는 명칭이었으나, 2019년도에 명칭이 정신건강임상심리사로 개정되었습니다. 정신건강임상심리사 1급, 정신건강임상심리사 2급으로 나뉘어져 있으며 정신건강임상심리사 1급은 3년의 연속된 수련 과정을 필요로 하고, 2급은 1년간의 수련 과정을 필요로 합니다. 정신건강임상심리사 2급을 취득하고 실무에서의 경력 5년이 인정이 되면 국립정신건강센터에서 심사를 거쳐 1급으로 승급이 됩니다.

 정신건강임상심리사 2급을 취득할 수 있는 최소 요건은 심리학 학부 졸업 기준이지만 실질적으로 현재 거의 전부 석사 졸업생들이 이 과정에 들어가고 있을 정도로 경쟁이 심화된 상태입니다. 실질적으로 수련이 끝나서 자신의 힘으로 심리평가를 할 수 있는 최소한의 자격으로 많은 이들이 정신건강임상심리사 2급 자격을 꼽고 있습니다. 간혹 타 전공인데 산업인력공단 임상심리사 2급 자격으로 정신건강임상심리사 2급 과정을 들어갈 수 없냐는 질문을 받기도 하지만, 수도권 지역에서는 거의 이런 방식으로 정신건강임상심리사 2급 자격을 취득하는 것이 불가능한 것으로 알고 있습니다. 그리고 자격 취득 후 정신건강 관련 기관에 비교적 수월하게 들어갈 수도 있어 많은 수련생들이 이 자격을 취득하기 위해 노력하고 있습니다. 아이러니하지만 임상심리전문가를 취득하고 나서도 추가적으로 정신건강임상심리사 2급 수련 과정에 지원하는 경우도 많아지고 있습니다. 자격증의 중요도 여부를 떠나 공공기관이나 공무원 관련 구직을 위해서 정신건강임상심리사 자격이 필요한 경우가 많기 때문입니다.

정신건강임상심리사 1급 취득 기준

1. 심리학에 대한 석사학위 이상을 소지한 사람(석사 이상 학위 취득 과정에서 보건복지부장관이 정하는 임상심리 관련 과목을 이수한 경우로 한정한다)으로서 법 제17조제1항에 따른 정신건강전문요원 수련 기관(이하 이 표에서 '수련 기관'이라 한다)에서 3년(2급 자격취득을 위한 기간은 포함하지 아니한다) 이상 수련을 마친 사람

2. 2급 정신건강임상심리사 자격을 취득한 후 정신건강증진시설, 보건소 또는 국가나 지방자치단체로부터 정신건강증진사업등을 위탁받은 기관이나 단체에서 5년 이상 근무한 경력(단순 행정업무 등 보건복지부장관이 정하는 업무는 제외한다)이 있는 사람

3. 「국가기술자격법 시행령」 제10조제1항에 따른 임상심리사 1급 자격을 소지한 사람으로서 보건복지부장관이 지정한 수련 기관에서 3년(2급 자격취득을 위한 기간은 포함하지 아니한다) 이상 수련을 마친 사람

정신건강임상심리사 2급 취득 기준

1. 심리학에 대한 학사학위 이상을 소지한 사람(학위 취득 과정에서 보건복지가족부장관이 정하는 임상심리 관련 과목을 이수한 경우로 한정한다)으로서 수련 기관에서 1년(1급 자격취득을 위한 기간을 포함한다) 이상 수련을 마친 경우

2. 「국가기술자격법 시행령」 제12조제1항에 따른 임상심리사 2급 자격을 소지한 사람으로서 수련 기관에서 1년(1급 자격 취득을 위한 기간을 포함한다) 이상 수련을 마친 사람

(3) 한국산업인력공단 임상심리사

한국산업인력공단에서 발급하는 국가기술자격입니다. 최소요건이 '4년제 학부 졸업'으로 심리학을 전공하지 않아도 시험 응시가 가능한 자격입니다. 가장 접근 장벽이 낮아 취득하기 수월할 수 있지만 취득 노력에 비하여 실무 현장에서 큰 메리트가 없는 자격증입니다.

솔직하게 말하면, 임상심리를 전공하고 있는 학부생들은 이 자격을 '계륵'이라고 합니다. 따야 할 것 같기도 하고 안 따도 될 것 같기 때문입니다. 아직 공식자격 취득 전인 임상심리전문가나 정신건강임상심리사 수련생들이 수련 기간 중 소정의 돈을 벌기 위해 주말에 아르바이트 형식으로 수련 기간이 아닌 외부 기관에서 파트 타임 심리검사를 시행할 때 최소한의 자격이 필요하기 때문에 임상심리사 2급 자격을 취득하곤 합니다. 간혹 학부생들을 대상으로 대학원 입시나 수련을 위해서 임상심리사 실습 과정을 추천하는 기관이 있지만 대부분의 대학원과 수련처에서는 임상심리사 실습 과정을 경험했다는 것을 입시에 크게 쳐 주지는 않는 실정입니다. 그 외에는 정신건강 관련 타 분야 전문가분들이 심리검사를 공부하는 과정 중 취득하기도 하고 인생 이모작의 시점에서 새로운 직업으로서 임상심리사를 원하는 분들이 취득하기도 하는 등 여타 임상심리 관련 자격증에 비해 광범위한 사람들이 취득할 수 있다고 볼 수 있습니다.

임상심리사 자격이 다른 자격들에 비해 전문적인 실습이나 지식, 과정을 요하는 것은 아니나, 임상심리 진로에서 전혀 효용이 없는 자격증은 아닙니다. 국가기술자격증이기 때문에 공공기관에 계약직이나 정규직으로 입사하기 위해서 드물게 각 기관에서 요구하는 경우가 있으므로 자신이 나아가고자 하는 진로에 따라 취득을 고려해 보는 것도 좋습니다. 예를 들어 임상심리사 2급을 취득하고 필기시험을 통해 9급 상당의 의료기술직으로 보건소 공무원 자리에 취직하는 분도 있었습니다. 그리고 정신건강복지센터에 비전문요원 티오로 들어가는 데 도움이 되며, 노령화에 맞게 치매안심센터 같은 곳에서는 임상심리사 2급을 취득하고 있으면 입사 시 곁가지로 도움이 되는 것으로 보입니다.

임상심리사 1급 취득 요건

· 응시자격: 임상심리와 관련하여 2년 이상 실습수련을 받은 자 또는 4년 이상 실무에 종사한 자로서 심리학 분야에서 석사학위 이상의 학위를 취득한 자 및 취득 예정자, 임상심리사 2급 자격취득 후 임상심리와 관련하여 5년 이상 실무 종사자 등
· 시험과목
- 필기: 임상심리연구방법론, 고급이상심리학, 고급심리검사, 고급임상심리학, 고급심리치료
- 실기: 고급 임상 실무(시험 시간: 3시간)
- 합격 기준: 필기(매 과목 100점) 매 과목 40점 이상, 전 과목 평균 60점 이상, 실기(100점) 60점 이상

임상심리사 2급 취득요건

· 응시자격: 임상심리와 관련하여 1년 이상 실습수련을 받은 자 또는 2년 이상 실무에 종사한 자로서 대학 졸업자 및 졸업 예정자 등
· 시험과목
- 필기: 심리학개론, 이상심리학, 심리검사, 임상심리학, 심리상담
- 실기: 임상 실무(시험 시간: 3시간)
- 합격 기준: 필기(매 과목 100점) 매 과목 40점 이상, 전 과목 평균 60점 이상, 실기(100점) 60점 이상

임상심리 관련 대학원을 수료하는 경우 임상심리사 2급 실습을 면제받을 수 있어 대학원 수료나 졸업 후에 자격증을 취득하는 경우도 많습니다. 그리고 정신건강 임상심리사 2급 과정에 들어가기 위한 조건 중 하나로도 인정받을 수 있어 학부에서 정신건강임상심리사 2급

과정에 필요한 과목을 모두 수강하지 못한 경우 임상심리사 2급 자격 취득이 정신건강 임상심리사 2급 과정 지원에 도움이 되고 있습니다.

임상심리사 수련처 보는 법과
수련처별 특징, 세팅별 특징

(1) 수련 과정 구인공고 확인하는 방법

정신건강임상심리사, 임상심리전문가 수련 과정 구인 공고를 보는 곳은 대표적으로 한국임상심리학회 공식홈페이지(www.kcp.or.kr)입니다. 이 사이트 외에도 각 병원이나 수련처 홈페이지에만 수련 과정 공고가 나오는 경우도 있어서 입시 준비 시즌이 되면 수련생 구인공고가 떴는지 꼼꼼하게 확인할 필요가 있습니다. **'부록 C. 2020년 수련 과정이 개설된 전국 수련 기관 모음'**에서 최근 리스트를 확인할 수 있습니다.

(2) 임상심리사 수련 준비 시 널리 쓰이는 책들

많은 수련생들이 수련 입시 준비 과정과 수련 중에 참고했던 책들입니다. 연구방법론도 입시 시험에 출제되기는 하지만 출제되지 않는 수련 기관이 더 많기도 하며, 대학원 교재 위주로 정리하는 수준이면 큰 문제가 없는 정도의 수준에서 출제되고 있어 따로 특정한 교재는 제시하지는 않았습니다. 주로 큰 영역별로 출제가 된다고 보면 되고, 이에 따라 준비해야 하는 책들도 다양합니다.

• 정신병리(이상심리학)

- DSM-5, 현대 이상심리학, 최신정신의학: 각 정신장애별 진단기준 및 감별진단 학습용
- 마음의 증상과 징후: 정신병리 용어 및 기술 정신병리학 용어를 학습할 수 있습니다.
- 역동정신의학, 정신분석적 진단, 정신분석적 사례이해, 임상실제에서의 정신과적 면담: 정신분석 혹은 정신역동적 관점에서 정신병리를 개념화할 수 있습니다.
- 소아정신의학: 아동청소년 분야에 특화된 정신장애의 공부에 좋습니다.
- Oxford textbook of psychopathology

• 심리평가

- 종합심리평가에서 주로 쓰이는 검사들의 매뉴얼은 기본적으로 숙지해야 합니다(ex. MMPI-2 매뉴얼).

- 심리평가 핸드북
- 임상심리검사의 이해
- 심리검사의 이해
- MMPI-2 성격 및 정신병리 평가, 다면적 인성검사, MMPI-2 해설서, MMPI-2 해석상담 어떻게 할 것인가?: MMPI-2를 활용한 임상적 해석에 대한 학습용
- 로르샤하 종합체계 워크북, 로르샤하 해석의 원리
- K-WAIS-IV 평가의 핵심
- MMPI-2와 로르샤하의 통합적 해석
- 그림을 통한 아동의 진단과 이해

- **심리치료**
- 인지치료 이론과 실제
- 현대 심리치료와 상담이론
- 집단정신치료의 이론과 실제
- 정신분석적 심리치료
- 아동청소년 심리치료
- 심리도식치료

(3) 임상심리사 수련 문제, 이렇게 나온다!

수련 입시 문제는 보통 서술형, 단답 주관식, 객관식의 혼합 형태입니다. 사례를 주고 이 사례가 어떤 진단명일 것 같은지 의견을 묻는 문항, 진단 기준을 써 보라는 문항, 특정 병리 기제에서 중요한 개념을 써 보라는 문항이 있습니다. 주로 가장 중요한 책은 『DSM-5』라고 볼 수 있는데요, 진단 기준의 교과서이자 임상 양상까지 부가적으로 설명이 되어 있어서 위 책을 빼고는 결코 수련입시를 논할 수 없을 정도이므로, 최대한 법전 외우듯 외우는 것이 가장 좋은 방법입니다.

또한, 원하는 수련 기관이 있을 경우 수련 입시 전부터 인턴과 같은 형태로 기관에서 경험을 한다면 수련 합격에 도움이 될 수 있습니다. 기관에서도 기관의 특성을 잘 알고 기존 직원들과의 관계도 무난한 사람을 수련생으로 뽑는 것이 여러모로 편하고 기관에 도움이 되기 때문입니다. 직원들과의 원만한 관계를 유지하는 것이 많은 에너지가 들고 쉽지 않을 수 있지만 인턴 시기만큼은 직원들과의 관계 역시 수련 입시의 연장선상이라고 생각하고 직원들과의 관계를 긍정적인 마음가짐으로 좋게 만드는 것이 괜찮습니다.

(4) 수련 입시 준비생들을 위한 수련면접 질문 예시

- 자기소개(1분 정도까지 할 수 있게 준비)
- 관심분야는?
- 이 기관에 지원한 이유는?
- 여기 떨어지면 어떻게 할 것인가요?
- 다른 곳도 시험 보는 곳 있나? 다른 곳 붙어도 여기로 올 것인지?
- 석사학위 논문에 대해서 간단하게 설명해 보시오.
- 자신을 뽑으면 좋은 이유 어필해 보시오.
- 본인의 어떤 장점이 본 수련 기관에 어떤 도움이 될지?
- 본인의 일 대처 방식은 어떤지?
- 단점과 스트레스 해결법
- 대인관계에서 주로 듣는 피드백이 있는지?
- 수련을 다 끝마치고 자격을 취득하고 난 뒤 하고 싶은 일이나 활동은?
- 마지막으로 하고 싶은 얘기

(5) 수련 세팅별 특징

임상심리사가 활동하고 있는 세팅은 크게 병원, 상담센터, 재활센터, 연구소 등으로 나눌 수 있습니다. 몇십 년 전에는 90% 이상의 대다수가 병원, 특히 정신건강의학과에서 수련을 받았다고 합니다. 현재는 수련 기관이 다양화되어 병원 장면 중에서도 정신건강의학과뿐만 아니라 재활의학과, 소아과, 소아정신과, 신경과 등 임상심리사가 필요한 의학과에서는 수련 과정이 개설되어 있습니다. 병원의 규모적 측면에서도 수련환경이 다양화되어 1, 2, 3차 의료기관 규모에서 모두 수련을 받을 수 있습니다.

병원 수련 세팅의 특징

현재 슈퍼바이저나 교수급으로 재직 중인 임상심리학자들은 대부분 병원 수련이나 유학 후 소정의 심사를 통해 자격을 취득한 분들입니다. 현재까지도 병원 수련이 가장 흔하고 기본적으로 병원 장면에서의 수련은 전통적인 임상심리사의 수련 방식입니다.

다양한 환자군을 만날 수 있고, 심리평가를 고생스러울 정도로 많이 경험하고 나올 수 있는 장점이 있지만 심리치료적 접근보다는 정신병리에 대한 이해와 정신과적 면담 및 심리검사에 능숙해지는 점이 강조된다는 부분에서 심리평가에 대한 전문성을 획득할 수 있지만 심리상담과 심리치료에 수련이 다소 미흡한 점이 아쉬운 상황입니다. 일부 병원에서는 심리평가와 심리치료의 균형을 맞추기 위해 슈퍼바이저가 애를 쓰고 있지만 현실적으로 심리평가가 메인이 되는 구조입니다. 그리고 검사를 시행한 후 해석상담은 심리검사 처방을 내린 정신과 의사가 하는 경우가 대부분이라 임상심리사가 심리검사를 하고 보고서를 제출하는 것에서 끝나는 경우가 많은 것이 아쉽다는 의견이 많습니다.

병원 수련 세팅 중에서도 규모에 따라 대학병원, 종합병원, 요양병원, 의원급으로 나뉘기도 합니다. 대부분 정신건강의학과 소속이지만 최근 신경과나 재활의학과에서도 임상심리전문가 수련생을 모집하기도 합니다.

센터(사설상담센터, 재활센터, 청소년센터) 세팅의 특징

임상심리전문가들이 병원이나 공공기관, 학교를 벗어나 개업하는 분들이 점차 늘어나면서 사설상담센터에서의 임상심리전문가 수련 과정이 늘어나는 추세입니다. 사설 상담센터에서는 수련 과정 중 주로 심리상담과 심리치료를 경험하기 쉽습니다. 심리평가의 경우 상담센터마다 수요나 요구도 정도가 다르지만 대부분 심리평가보다는 심리상담과 심리치료와 같은 회복을 중심으로 하는 심리적 개입이 우선시됩니다. 심리상담과 같은 개입에서 전문성을 키우고 싶은 수련생들은 대학원부터 이 코스를 준비하여 심리치료를 메인으로 하는 이러한 수련을 받는 경우도 많습니다.

보통 상근인 임상심리전문가 1명이 슈퍼바이저가 되는데, 운영방식에 따라 수련생의 처우가 많이 결정되는 점이 장점이자 단점입니다.

사설상담센터, 심리연구소 등의 경우 인건비를 아끼려는 목적으로 수련생을 선발하는 경우가 있어 수련생 입장에서는 자신이 하는 업무량에 비하여 적정한 수준의 페이를 받지 못하여 경제적 어려움을 겪을 수도 있습니다.

센터에서는 병원만큼 다양한 환자군을 볼 수 없다는 단점이 있을 수 있지만 최근에는 인근 병·의원과 협약을 하여 그 단점을 최소화하는 수련 기관도 생겨나고 있습니다. 자격 취득 후 심리치료를 전문적으로 하고 싶은 분들은 이런 과정을 선호하시는 경우도 많은 것 같습니다. 반면 정신건강임상심리사 수련을 보통 같이 하기가 어려워 정신건강 기관에서 근무하고 싶은 분들은 사설센터에서의 수련을 끝낸 후 다시 1년 정도의 수련을 들어가 정신건강임상심리사 2급을 취득하는 경우도 해가 갈수록 늘고 있습니다.

재활센터의 경우 임상심리사가 지원 가능한 수련처가 많지는 않지만 점차 선호하는 수련 지원자들이 많아지고 있습니다. 특히, 아동청소년센터에서는 수련을 마치고 바로 같은 기관에 직원으로 취직하는 경우도 많습니다. 재활센터 수련을 통해서는 다른 수련처에 비하여 사례관리와 지역사회 개입 방법에 대해 집중적으로 배울 수 있습니다. 최근 정신건강복지법 개정으로 지역사회 중심의 개입이 점차 주목되고 있고, 정신건강복지센터의 정신건강전문요원 채용이 늘고 있는 상황에서 지역사회 개입을 바로 할 수 있는 재활센터 출신의 임상심리사의 필요성이 커지고 있습니다. 수련 과정 중 심리평가를 할 기회가 많지는 않으나 재활센터에서 전문성을 키우고 싶은 임상심리사에게 좋은 수련처로 보입니다.

(6) 고심해 보아야 할 수련처들

해가 갈수록 수련 입시 경쟁률이 올라가고 있어 수련 기관을 골라서 가는 것은 거의 불가능합니다. 그럼에도 한두 번쯤은 고심해서 선택해 보아야 할 수련 기관들이 있습니다.

우선 무급 수련 기관입니다. 최근 들어 무급으로 수련을 하는 기관의 수가 줄어들었다고 하지만 여전히 무급으로 운영되고 있는 기관들이 있습니다. 경제적으로도 마이너스 상태가 최소 1년 이상 유지되며, 무급 수련 기관의 경우 4대 보험 가입이 어렵기 때문에 수련이 끝나고 나서 취업을 위한 풀타임 경력으로 인정되지 못하는 경우가 있습니다. 똑같이 수련을 받았지만 취직을 하고 나서 연봉이 차이가 나게 되면 그것만큼 슬픈 일도 없을 것입니다. 수련 과정이 업무+교육의 모호한 경계에 위치해 있지만 어느 정도 선에서는 업무에 대한 정당한 경제적 보상이 따라 주어야 수련생의 동기가 커지고, 최소한의 기본적 생활을 위한 안정감이 생길 것입니다.

　다음으로 시기에 맞지 않게 추가 모집을 하는 수련 기관입니다. 대부분의 수련 기관은 연말부터 연초까지 모집을 하고 3월부터 정식 근무를 합니다. 추가 모집을 하는 기관의 이유는 다양할 것입니다. 이미 선발을 했으나 수련 티오가 늘었을 수도 있고 합격했던 수련생이 다른 수련 기관에 붙어 등록을 하지 않아 결원이 생기는 수도 있습니다. 그 중에서 가장 좋지 않은 케이스는 수련 중 나가서 생기는 충원 자리이거나 선발을 하고 인수인계 기간 중 나가는 충원 자리일 것입니다. 이런 자리는 사실 바로 알기는 어렵습니다만, 너무 자주 충원 공고가 나는 경우 많은 사람들이 중도 탈락한 기관이라는 것을 쉽게 알 수 있으니 합리적인 추측을 하고 자신의 판단에 맞게 지원하는 수밖에요.

　마지막으로 상주하는 인원이 너무 적은 센터들입니다. 여러 사람들이 협업하여 보는 눈이 많은 수련 기관에 비해, 오너의 특정 성향이나 개인만의 운영 철학이 수련생에게 상대적으로 더 큰 영향을 미칠 여지가 많습니다.

　수련생은 상대적으로 약자입니다. 자격증이 없다는 이유로 수련 과정 중 자신의 노동을 제대로 인정받지 못하는 경우들도 있습니다. 교육생으로서 보호를 받아야 할 때 직원으로서 업무에 대한 질타를 받을 수 있습니다. 직원으로서 권리를 주장해야 할 때 교육생의 입장으로 부당함을 받아들여야 되는 경우가 있습니다. 병원과 센터를 불문하고 수련 기관에 들어가기가 극히 어려운 것이 사실이기에 합격하는 곳에 큰 고민 없이 가기 쉽지만, 한편으로는 수련 기관에 대해 신중하게 고민하고 기관의 활동 방향에 대해 가능한 많은 정보 검토가 필요하겠습니다. 또한 주변의 조언도 참고하며 지원하시기 바랍니다.

chapter 4

임상심리사 실무 및 진로

1

수련 환경과 실무의 차이

수련을 끝내고 자격 취득 후 임상심리사의 진로는 다양합니다. 과거의 경우 수련 후 정신과 병원에서 일하는 경우가 많았으나 최근에는 병원 이외에도 타 정신건강 시설로 근무 형태가 다양해지고 확장되고 있습니다. 갈수록 국가기관 및 공공기관에서 심리학자로서 임상심리사를 고용하는 경우도 늘고 있습니다. 그러다 보니 역설적이게도 수련과 비슷한 환경인 정신과에 풀 타임 직원으로 남는 경우가 줄어들고 있습니다. 이는 병원 내의 고용 문제와 더불어 병원 외의 세팅에서 더 나은 조건을 제시하는 등 현실적인 요인들이 많이 작용한 결과로 보입니다.

임상심리전문가, 정신건강임상심리사 자격을 취득 후에는 주로 인맥을 통해, 한국임상심리학회 홈페이지의 구인공고 카테고리를 통해, 혹은 국립정신건강센터 홈페이지(www.ncmh.go.kr)의 정신건강 전문요원 관리시스템 내의 구인공고 카테고리를 통해 풀타임 혹은 파트 타임의 일을 구하게 됩니다.

2

타 직역과의 관계는?

　병원이건 센터건 타 직역과의 관계는 피할 수 없습니다. 임상심리사들과 관계를 맺게 되는 타 직역으로는 대표적으로 정신과 의사, 간호사, 사회복지사, 정신건강사회복지사, 정신건강간호사입니다. 의사가 심리검사에 대한 오더를 내리면 임상심리사는 그에 대한 검사를 시행하고 보고서를 작성하여 의사에게 제출하는 역할을 합니다. 다시 말해 병원 세팅에서 심리검사, 심리치료, 심리프로그램은 의사가 '지시자'이며 임상심리사는 이를 수행하는 '수행자'의 역할입니다. 그러나 이러한 관계가 꼭 수직적인 관계라고는 말할 수 없습니다. 대부분의 병원에서 심리실은 의국과 독립되어 있고 진단에 대해서는 어느 정도 독립된 의사결정을 합니다. 즉, 심리실에 속한 임상심리사 자체의 결정을 통해 의사가 내린 진단과 다른 진단을 내려 보고할 수 있는 것이죠. 이러한 진단에 대해서 의사와 서로 왜 이러한 진단을 내렸는지 근거와 판단 과정에 대해 커뮤니케이션하기도 합니다.

또한 센터 같은 경우, 분업이 잘된 병원 장면보다는 훨씬 유동적입니다. 같은 업무를 하게 될 수도 있습니다. 보통 티오는 '정신건강전문요원'이라는 이름으로 모집하는데, 이것이 직업 앞에 '정신건강'이라는 글자가 붙은 정신건강임상심리사, 정신건강사회복지사, 정신건강간호사를 이야기합니다(최근 임상심리사들 사이에서 논란이 되고 있기도 하지만, 어찌되었든 법안이 발의됨에 따라 앞으로는 정신건강작업치료사도 포함되겠네요). 따라서 정신건강전문요원 간에는 업무가 겹칠 수도 있고, 팀장이 정신건강간호사나 정신건강사회복지사일 수 있습니다. 대표적으로 정신건강복지센터가 여러 직역의 정신건강 전문가들이 일하는 직장입니다. 이곳에서는 주로 대상자들에 대한 사례 관리와 국가 예산을 받고 실시하는 사업을 계획하고 추진하는 업무를 하고 있는데요, 수련을 끝내고 정신건강임상심리사 자격을 가지고 이러한 기관에 취직하더라도 임상심리사 본연의 업무로 생각하는 심리평가를 전혀 못하는 경우도 부지기수입니다. 이러한 문제로 인하여 정신건강복지센터에서 임상심리사의 이직률이 높다고 합니다. 그렇지만 자신만의 방식으로 정신건강복지센터와 같은 기관에서 심리평가의 필요성과 임상심리사로서의 역량을 증명하여 자신의 가치를 높이는 임상심리사도 있습니다. 다만 주의할 점은 정신건강전문요원이라는 요건으로 취직이 된 것이기 때문에 심리평가와 같은 임상심리사 업무를 시키지 않는다고 불평만 할 수는 없는 것이라고 볼 수 있겠습니다.

〈현직 임상심리사의 하루〉

종합병원 임상심리사

오전 9시-10시: 임상심리실 회의 참가

10시-11시: 폐쇄병동 집단 프로그램 진행

11-12시: 병동 집단 프로그램 디브리핑 및 일지 작성

12-13시: 점심 식사 및 휴식

13시-16시 30분: 심리검사 실시

16시 30분-18시: Case conference 참석

정신건강복지센터 임상심리사

오전 9시-10시: 회의 참가

10시-11시: 사례 관리 대상자 연락

11-12시: 사업 기획서 수정

12-13시: 점심 식사 및 휴식

13시-15시: 만성조현병 회원 인지재활 집단프로그램 진행

15시-16시: 사업 결과 보고 작성

16시-18시: 사례 관리자 응급 대응

3

임상심리사 프리랜서로의 전망

임상심리사라는 직업의 장점 중 하나는 프리랜서로 생계를 유지할 수 있는 점입니다. 약 3시간의 심리검사+심리평가보고서 작성+해석상담(기관에 따라서 없을 수도 있음)까지 포함되는 일련의 과정인 종합심리평가 1건당 기관 수입의 일정 비율을 받는 형식으로 프리랜서 계약을 맺습니다. 주로 적게는 16만 원에서 많게는 그 이상의 금액을 받습니다. 대게 정신과 의원에서 가장 많이 프리랜서로 고용하고, 상담센터나 공공기관에서도 임상심리사는 상주하지 않고 검사가 있을 경우와 최소한의 행정업무를 수행하는 경우가 많습니다.

프리랜서로 지내는 경우 시간활용과 소득 면에서 정규직에 비해 효과적인 경우가 있지만 소득이 불안정하다는 점, 4대 보험이 되지 않는 점 그리고 확실한 경력으로 인정받기가 모호하다는 점이 단점인 것으로 보입니다.

4

현업 종사자가 보는 임상심리사 장단점

어떤 직업이든 장단점이 있기 마련입니다. 직업의 특정한 요소가 어떤 사람에게는 장점이 될 수도 단점이 될 수도 있기에 절대적인 장점, 단점이라기보다는 나에게 이 직업의 특성이 장점으로 작용할 것인가, 단점으로 작용할 것인가 곰곰이 살펴보는 것이 중요할 것입니다. 일반적으로 공통되게 현업 종사 임상심리사들이 이야기하는 부분들을 말해 보고자 합니다.

기본적으로 자격증 취득까지는 교과서처럼 어느 정도의 정해진 루트가 존재합니다. 임상심리전문가, 정신건강임상심리사 자격을 취득하고 난 이후에는 말 그대로 정해진 루트는 없습니다. 정답이 없다는 뜻입니다. 자신의 인생 가치관대로 사는 것이 최선입니다. 어떤 길이 삶의 질이 좋고 어떤 길이 삶의 질이 좋지 않으냐고 100명에게 물었을 때 100명 다 다른 답을 할 것입니다.

직업적 측면에서 임상심리사의 장점이라고 볼 수 있는 부분은, 첫 번째로 자격증을 따는 고된 과정을 거치고 나면 직장을 구하는 것은 상대적으로 수월하다는 점입니다. 채용 공고기간이 많이 몰리는 시즌은 분명 존재하지만 우르르 쏟아지는 여타 직군의 공채 시즌에 비해 일자리 공고가 어느 정도 상시적으로 꾸준히 있는 편입니다. 두 번째로 여느 인문계열, 상경계열, 사회과학계열의 다른 전공보다 조금 더 공공기관, 시립기관에 들어갈 가능성이 높습니다. 아무래도 임상심리사를 필요로 하는 곳이 병원이나 국가기관, 피해자지원센터와 같은 공기관이 많기 때문일 것입니다. 세 번째로 안정적 소득을 포기하고 파트타이머의 길로 접어들면 일반적인 회사원들보다 시간을 유동적으로 조정하며 쓸 수 있습니다. 네 번째로 주 5일의 정규직 직장을 다니며 휴일이나 건강을 포기한다면 주말에 검사 파트 타임을 하는 방법 등을 통해 금전적인 수익을 극대화시킬 수 있습니다.

　반면, 단점이라고 볼 수 있는 부분은 다음과 같습니다. 첫 번째로, 자격증을 취득하기까지의 과정이 상당히 고됩니다. 취업의 상대적인 수월함이 있는 이유는, 수련 과정에서 수많은 사람들이 탈락하기 때문입니다. 수련 과정에서 건강이상을 호소하는 분들이나 우울증으로 정신과 약물을 처방받는 경우를 쉽게 찾아볼 수 있을 정도로 수련은 젊은 나이에 겪기 드문 장기적 스트레스 사건이 맞습니다. 두 번째로, 자격증을 따기 위해 약 7~10년간의 시간을 투자하게 되지만, 이를 보상할 수 있을 만큼 충분한 수준의 급여를 주는 곳이 극히 적습니다. 보건복지부 급여 테이블대로 급여를 주는 직장에 들어가면, 일반적인 사회초년생들과 똑같은 급여를 받게 됩니다. 가끔 '이럴 거면 그 고생해서 대학원을 왜 가고 자격증을 왜 땄느냐?'라고 볼멘소리를 하는 동기들도 심심치 않게 볼 수 있었습니다. 세 번째로, 정서적인 부분을 들 수 있겠는데요 정규직이라 가정했을 때, 일주일에 5일, 매일 8시간씩 마음이 어려운 정신과 대상자를 상대하는 것과 매번 사람에 초점을 맞추는 것은 상당히 고된 일입니다. 매일매일 어떤 사람에 대해 생각하고, 그 사람의 병리적인 부분을 찾아내야 한다고 생각해 보세요. 일반적인 자신의 대인관계에서 이러한 임상심리학의 논리가 적용되지 않도록 더욱 주의를 기울이고, 반드시 자신의 정서가 침식되지 않도록 스트레스 해소의 방편을 마련해 두는 것이 스스로의 마음과 삶을 지키기 위해서라도 좋을 것입니다. 다섯 번째로, 임상심리사가 근무하게 되는 환경 중 대다수는 거의 창의력이나 유연성과 같은 창조성, 새로운 방법을 찾아 개인의 능력을 발휘하거나 스스로의 독창적인 능력을 돋보이게 하는 것이 장려되는 환경이라기보다는 개개인의 개성과 편차요소를 줄이고 나를 낮추고 매뉴얼대로 행동하며 기계적이며 경직된 환경이 상당히 많습니다. 눈에 보이는 가시적인 성과를 내어 성과물에 큰 칭찬을 받는 고무적인 환경도 아닙니다. 이러한 특징이 자신의 기질과 상반되는 근무환경이라고 생각된다면 다소 힘이 들 수 있습니다.

chapter 5

현직 임상심리사 인터뷰

심리학과 학부생 출신, 대학원 졸업, 센터 수련, 정신건강임상심리사, 임상심리전문가

Q. 자기소개를 간단히 해 주세요.

안녕하세요. 서울 소재 4년제 심리학과를 졸업 후, 마찬가지로 서울 소재 일반대학원 심리학과의 임상심리학 전공을 했습니다. 졸업 후 센터에서 수련 과정을 거치고 현재는 로컬 병원 정신건강의학과에서 임상심리사로 근무 중입니다.

Q. 임상심리사가 되고자 한 이유는?

임상심리사라는 직업의 존재 자체는 고등학교 3학년 때 진로 탐색을 하면서 알게 되었어요. 아는 친척이 임상심리사라는 직업의 장점을 많이 이야기해 주었거든요. 시간을 자유롭게 쓸 수 있는 근무 형태를 취할 수 있다는 부분과, 문과임에도 이과처럼 보건복지부에서 라이센스를 취득할 수 있다는 부분. 그러니까 직업적인 안정성에 높은 가치를 두고 임상심리사로 진로를 결정하게 되었습니다. 왜냐하면 제가 심리학이라는 분야에 관심이 많은 편이었지만, 심리학 외에도 관심이 있는 분야가 굉장히 많기도 했거든요. 그래서 금전적인 부분은 직업을 통해 해결을 할 수 있으니, 임상심리사 직업 외에도 내가 좋아하는 일들을 더 해 보자고 생각을 했어요.

Q. 임상심리사 자격을 취득하기까지 힘들었던 점은 없었는지?

아무래도 저는 여러 가지 관심사를 약간 뒤로하고 하나의 우물을 파야 하는 직업을 선택을 했어서 그런지 내가 하고 싶은 활동을 하는 시간을 아껴 가며 대학원 입시 준비를 해야 했을 때나, 오직 정신장애 진단 기준과 정신병리학 등에만 몰두해 가며 수련 준비를 했을 때와 같이 나의 약간 다양한 관심사를 억눌러야 하는 매 순간이 저로 하여금 참 많은 고민을 하게 했던 것 같아요. 수련 들어가리라는 보장이 없이 공부만 하는 상황이 약간 고시 같은 느낌이 들기도 했어요. 그리고 대학교 졸업 이후부터 매 순간순간이 입시라는 관문의 연속이라는 점도 저에게는 다소 부담요인으로 다가왔었던 것 같아요. 보통은 대학교 졸업 후에 취직을 하는 수순인데, 임상심리사 같은 경우에는 졸업 후에 대학원 입시, 대학원 들어가서 논문 준비, 대학원 졸업 후에 수련입시, 수련은 매 순간 평가의 연속이고, 수련 후에는 또다시 자격증 준비, 자격증 딴 후에나 취업이니까 고3 때의 입시 같은 생활의 연속이었던 것 같아요.

Q. 수련 과정 중 수입 수준은?

수련 과정이요? 수년간 수련 과정 중의 수입은 도저히 말할 수 없는 수준입니다. 차비도 안 나올걸요. 그때 정말 손가락 빨면서 살았어요. 그런데 거의 대다수의 센터수련은 무급에 가까울걸요. 참 애매한 사각지대에요. 수련이라는 것 자체가 교육과 노동 그 사이의 어딘가에 위치해 있기도 하고, 수련준비생한테는 꼭 필요한 자리니까 무급이라도 아쉬운 소리 하면서 들어가는 거거든요. 기관 측에서는 '무급이라서 싫어? 너희들 말고도 뽑을 사람 많아. 자, 다음 분.' 하게 되는 거고. 그러니까 힘들어도 힘든 부분에 대해 이야기하지 못하고 묵묵히 다니는 거겠죠? 그런데 오랜 기간 실무자로서 지내면서 생각이 바뀌었는데, 수련은 교육과 노동의 중간이라기보다는 명백히 노동에 더 가까운 것 같아요.

Q. 수련 과정 중 워라밸(Work-Life Balance)은 어땠는지?

워라밸이 안 좋았습니다. 워크는 있는데 라이프는 없는. 대학원 분위기도 다소 폐쇄적이라고 생각했었는데, 이보다 더 힘든 곳이 수련 장면이어서 정말 놀라웠습니다. 몸은 힘들어도 환경이 따뜻한 분위기거나 서로 격려해 주는 곳이라면 참 몇 년 견디기 괜찮았을 것 같은데, 공통적으로 제 주변인들이 하는 말들을 종합해 보면 일반적인 사회 밖에 비해서 수련이라는 폐쇄적인 환경 내의 사람들은 기본적으로 약간 날 서 있는 사람들이 많아요. 사실 그런 특징이 장려되는 환경이기도 하고요. 그런 환경을 거치면서 나 자신도 약간 초조하고 우울하게 되고요. 그런 부정적 변화에 스스로 스트레스 많이 받아요. 그리고 기본적으로 검사는 출근해서 하고 보고서는 집에 와서 쓰니까 밤낮이 없어요.

Q. 수련이 끝나고 자격증을 취득했을 때는 어떤 기분이었나요?

정말 날아가는 기분이었어요. '이제 탈출하는구나! 나는 뜬다!' 이런 느낌. (웃음) 전공자들끼리의 말로 수련 끝나면 '수련 독'을 빼야 한다고들 하거든요. 여행 가는 사람들도 있고. 저는 수련이 끝난 것만으로도 너무 좋았어요. 실감 안 나고. 그런데 수련 거치면서 기분이 자주 우울해지고 눈치 보게 되고 걱정하고 대인관계가 부담스러워지는 등 안 좋은 요소들이 많이 묻어 와서 그거 없애느라 상담을 좀 받고 스스로 많이 쉬려고 노력을 했어요.

Q. 현재는 어떻게 일하고 있나요? 생각했던 삶대로 살고 있나요?

지금은 직장인으로 살고 있습니다. 로컬 병원에서 일하고 있고요. 수입은 딱 동년배들 정도로 생각하시면 될 것 같아요. 수련이 끝나고 스스로 일을 하게 되면서 예전에 못했던 것들도 하고, 전반적으로 만족하며 일하고 있습니다. 수련 장면에서는 나를 감추며 다닌다는 느낌이 강했는데, 오히려 필드에서 일하면 일할수록 삶의 의미도 찾고 일도 열심히 하고 싶은 마음이 많이 들어요. 지금 어느 정도는 생각했던 정도로 살고 있는 것 같아요. 하고자 했던 일도 다시 시작했어요. 좋은 분들도 많이 만나고, 건강도 되찾고, 긍정적인 변화가 많이 찾아왔어요. 그런데 수련 때 찐 살은 안 빠져요.

Q. 임상심리사를 꿈꾸는 사람에게 조언해 주자면?

제가 남의 인생의 중대한 결정에 대해 감히 조언을 하자면, 정말 단단한 사람이 임상심리사를 해야 하는 것 같아요. 흔들림 없고 돌처럼 단단하고 무던하고 무슨 일이 있어도 쉽게 넘길 수 있고. 일희일비하지 않고 안 좋은 부분은 빨리빨리 넘길 수 있고. 사람들이 되게 임상심리사는 공감능력도 뛰어나고 뭐든 다 감정적이고 세밀한 것이 도움이 된다고 생각하는 사람들이 많은 것 같기도 한데. 제가 많은 임상심리사 동료들과 얘기를 해 본 결과, 오히려 여리고 따뜻한 사람보다는 감정 자체의 변동 폭이 크게 없고 어느 정도 내 삶을 직장과 분리시킬 수 있을 정도로 무덤덤한 사람이 더 잘 맞을 것 같아요. 개인적인 의견입니다. 따뜻한 사람들은 많이 지치고 떨어져 나가는 것 같아요. 왜냐하면 모든 환자분들의 이야기를 듣다 보면 정말 눈물 나고 마음 아픈 경우가 많아요. 이거를 매번 듣다 보면 감정 소진이 될 수가 있거든요. 전 제 자신이 어떤 부류인지는 모르겠으나 전반적으로 이 일을 하는 분들과 기질이 좀 다른 것 같다고는 옛날부터 스스로 느끼고는 있었어요. 평가하지 않고 그냥 있는 그대로 세상을 느끼고 내 개성을 표출하는 것이 더 기질에 맞는 것 같아요.

그리고 오래도록 경제활동을 못하는 것은 힘든 일이에요. 또 성인이 된 후에도 누군가에게 계속 평가받으며 갑을관계의 수련생 신분으로 수년간 있는 것도 어떻게 보면 대한민국에서 쉽사리 경험할 수 없는 일이기도 해요. 본인의 성향을 스스로 잘 파악하셨으면 해요. 열정을 쏟아부어 가시적인 성과나 매출을 올리거나 새롭고 창의적인 제안을 많이 할 수 있는 직업은 확실히 아니니까요. 그보다는 정확성, 규준 준수 등이 요구되는 환경 같아요.

그리고 계속 사람을 상대한다는 일은 힘든 일이기도 합니다. 자신의 삶과 일을 분리를 하지 못한다면 반드시 소진이 올 수밖에 없을 거예요. 다만, 저와 기질이 달라서 임상심리사라는 직업을 천직으로 여기는 사람들은 또 제 시각과 다른 장점들을 많이 느끼며 살고 있을 수도 있을 것 같아요. 어찌되었건 이 일을 하시기로 마음을 먹었다면 최소한 직업적인 부분에서는 표출보다는 인내하기, 무던해지고 잔잔해지는 연습부터 많이 하셔야 나중에 도움이 될 것 같습니다. 저도 직업적인 자각을 하고 항상 배로 노력을 해야 해요.

어찌되었건 임상심리사라는 직업은 사람의 마음과 뇌를 이해하는 흥미로운 공부를 할 수 있는 몇 안 되는 직업이에요. 예전 같았으면 잘 이해가 안 되었을 것도, 뇌의 관점에서 많이 이해하게 되었어요. 예전에는 이유 없이 가끔 우울해했다면 지금은 '아. 내가 지금 세로토닌이 부족한가 봐.' 이렇게 혼자 생각하기도 해요. 그 점이 개인으로서는 재밌는 변화인 것 같아요.

2

학부 타과생 출신, 종합병원수련, 정신건강임상심리사, 임상심리전문가

Q. 자기소개를 간단히 해 주세요.

안녕하세요. 저는 비 심리학과 학부생 출신이라 임상심리대학원을 들어가기까지 약간 어려움이 있었지만 그것 빼고는 임상심리사가 되기 위해 흔히들 이야기하는 가장 무난한 코스를 밟은 것 같아요. 타과생이라 정보가 많이 없어서, 고생하며 서울 소재 일반대학원 임상심리전공으로 입학했어요. 대학원 석사 과정도 만만치는 않았지만 즐겁게 공부했어요. 연구라는 게 재밌는 부분이 있더라고요. 대학원을 졸업하고 병원 수련 기관 위주로 시험을 보고 한 군데 붙어서 거기에서 3년간 수련 과정을 거친 후 정신건강임상심리사와 임상심리전문가를 취득하고 현재는 쉬고 있어요.

Q. 임상심리사가 되고자 한 이유는?

학부에서 정치외교학을 전공했어요. 정치 관련 과목 등을 배우다 보니 심리학에 관심이 가더라구요. 심리학 서적을 찾아서 공부하다가 삼촌의 지인이 임상심리전문가라서 직업 자문을 구하고 전공을 바꾸고 심리학을 대학원에서 전공하고 임상심리사라는 직업을 가지고 싶다고 생각했어요.

Q. 타 전공으로서 임상심리사를 취득하기까지 힘들었던 점은 없었는지?

체감상으로 대학원에 들어가기가 가장 힘들었던 것 같아요. 일반대학원 심리학과 임상심리전공으로 목표를 삼았기 때문에 심리학과 학부 출신 분들과 경쟁을 해야 했습니다. 학부 학점이 아주 우수한 수준은 아니었기에 입학에 대한 걱정이 많았어요. 우수한 성적의 심리학과 학부생들이 입학을 위해 줄을 서고 있는데, 학부 타 전공생에게 먼저 눈길이 갈까 했어요. 그래서 대학원 입학 전 2년 전부터 심리학 개론과 각론서들을 꼼꼼히 개인적으로 공부했어요. 그러고 나니 입시에 조금 자신이 생겼습니다.

수도권에 다섯 군데, 비수도권 두 군데를 써서 수도권 한 곳, 비수도권은 모두 붙었어요. 비수도권 대학원에서 장학금도 제안하고 더 안정적으로 연구할 수 있는 조건을 제시했지만 훗날 수련을 생각해서라도 수도권 소재 대학원으로 진학했어요. 뽑아 주신 교수님께 미안했어요. 그리고 집세며 학자금 등으로 인해 경제적으로는 힘들었지만 지금 생각을 해 보면 수련 과정을 생각했을 때 잘한 결정이라고 생각합니다.

수련 과정을 준비할 때는 학부 타 전공 출신이라서 손해를 본 것은 크게 없었던 것 같습니다. 대학원에서 학점 관리를 잘하고 실습 등을 통하여 현장 경험을 쌓고, 수련 필기시험에서 어느 정도의 준수한 성적을 얻었어요. 얘기하다 보니 너무 제 자랑이 되었네요. (웃음) 어쨌든 제가 얘기 드리고 싶은 것은 대학원에 입학하고 난 이후에는 타 전공 출신이라서 불이익을 당했다는 느낌을 받지는 못했어요.

Q. 관심 분야는?

노령화와 관련하여 치매 진단 및 재활 쪽에 관심이 있어요. 치매라는 게 슬픈 병이잖아요. 알츠하이머병 같은 경우는 아직까지는 완치가 불가능하다는 것이 지배적인 의견이구요. 그래서 재활을 통해서 최대한 기억과 기능을 보존할 수 있는 데 도움을 드리고 싶어요.

Q. 병원 수련의 장단점은?

일단 장점으로, 임상심리사라는 직업에 필요한 지식이나 경험 등을 배우는 게 참 많았습니다. 정신병리, 심리검사, 면담법, 통계 등 대학원에서 배웠던 지식 이상으로 더 많은 학습을 하게 되는 시스템이구요. 일단 다양한 사례를 볼 수 있는 게 가장 큰 메리트였어요. 3년 농사로 평생 먹고산다는 말이 통할 정도로 많은 환자분들을 만난 거 같아요. 단점으로는 너무 바빠요. 정신없이 3년이 지난 거 같아요. 그리고 감정이 좀 무뎌지는 거 같아요. 워낙 환자분들의 고통스러운 과거력을 듣다 보니 제 일상에서 많은 고난들이 별거 아닌 것처럼 느껴지더군요. 그리고 심리평가 위주의 일을 하다 보니 평소에 관심 있었던 심리치료에 소홀하고 3년이 지난 것이 아쉬움이 남습니다.

그리고 수면이 부족했던 게 힘들었던 부분이었어요. 학부 때나 대학원 시절에도 수면 시간은 꼭 확보하려고 했는데 수련 과정 중에는 일이 몰리거나 보고서 제출 기한이 촉박하면 잠을 거의 못 자고 일을 하다가 출근을 하거나 밤을 새는 경우도 종종 있었어요. 그러고 나서 오전에 심리검사와 같은 스케줄이 있으면 몸도 힘들고 정신도 흐리멍덩해서 여러 가지로 고통스러운 경험이 있었습니다. 업무로딩은 수련 기관마다 천차만별이기에 스트레스에 취약하거나 평소에 잠을 잘 못 자면 힘든 분들은 미리 자신이 가고자 하는 수련 기관의 정보를 알아보는 게 꼭 필요한 거 같아요.

Q. 병원 수련 과정 중 가장 기억나는 일은?

정신과 병동에 처음 갔던 기억이 아직도 생생합니다. 예상보다 삭막한 공간은 아니었어요. 하얀색 가운을 입고 있어서 환자분들이 저를 의사선생님이라고 부르셨어요. 그래서 "저는 임상심리사예요."라고 설명하며 환자분이 계신 검사실에 들어갔는데 환자분이 혼잣말로 누군가와 이야기하는 모습에서 살짝 당황했습니다. 심리평가를 끝내고 이 경험을 슈퍼바이저 선생님께 나눠 보니 환청을 듣고 환청과 이야기를 나누는 것을 직접 본 거라고 합니다. 교과서에서 보던 정신병적 증상을 직접 눈으로 보니 수련을 시작했다는 사실이 실감났습니다.

특히 병동 환자분들을 만나면서 많은 배움을 가진 것 같습니다. 처음에는 병동 환자분들이 낯설고 나와는 다른 존재로 보였습니다. 삶의 스펙트럼과 경험이 나와 다르고 삶의 환경도 제가 경험해 보지 못했던 부분이 많았거든요. 그러나 *'정신과 환자분들의 어려움은 감정과 뇌의 문제다.'*라는 가장 기초적이고 교과서적인 접근으로 환자분들을 바라보니 점차 그분들의 정서적 고통을 이해하고 조금이나마 공감적 반응을 전달할 수 있었던 3년이었던 것 같습니다. 기회가 된다면 앞으로도 정신과 병동이 있는 곳에서 일해도 좋을 것 같아요.

Q. 수련 과정 중 수입 수준은?

매달 150만 원 이상은 받았어요. 많은 돈은 아니지만 식비와 월세, 책값, 학회교육비 정도 내고 나서 조금 저금할 수 있을 정도의 돈이었어요. 거의 일만 하고 지내서 소비가 제한되어 있어 돈이 부족하진 않았어요.

Q. 수련 과정 중 워라밸(Work&life balance)은 어땠는지?

음. 이건 기관마다 다르겠지만 저는 평일에는 거의 매일 야근을 했어요. 주말에는 토요일부터 일요일 오후까지는 쉬고, 일요일 저녁부터 보고서를 쓰거나 스터디 자료를 만들면서 월요일을 대비했어요. 거의 사생활이 없었죠. 주말에 잠을 자거나 정말 일상에 필요한 일을 처리

하는 정도였으니까요. 다시 하라면 못할 것 같아요. 수련 과정을.

Q. 앞으로의 진로는?

앞으로 한 달 정도 쉬고 난 뒤 본격적으로 구직을 할 예정입니다. 코로나 여파로 구직시장이 얼어 있는 건 다른 분야와 똑같은 거 같아요. 원하는 분야의 직장이 구인공고에 나오지 않더라도 일단 전일제 직장으로 알아볼 생각입니다. 아직까지 박사 과정으로 진학 계획은 없구요. 일단 워라밸을 유지하면서 몇 년 지내 보고 싶어요.

Q. 임상심리사를 꿈꾸는 사람에게 진지하게 조언을 해 준다면?

저는 다른 전공을 하다가 심리학적 지식을 메인으로 필요로 하는 직업을 갖게 되었습니다. 대학원 준비부터 병원 수련이 끝날 때까지 대략 7년이 소요되었습니다. 주위를 돌아보니 대학원을 가지 않은 학부 동기들은 직업 경력에 있어서만큼은 저 앞에 성큼성큼 뛰어가고 있더라구요. 회사를 들어간 친구는 대리급이 되어 결혼까지 했고, 전공 분야로 계속 공부한 친구는 박사학위를 취득하고 국책기관 연구원으로 일하고 있어요. 현실적으로 임상심리사는 직업 활동을 하기까지의 시간이 오래 걸리고, 그 시간 동안에는 돈을 많이 벌 수 있는 직업이 아니라는 점을 염두에 두고 선택하셔야 될 것 같습니다.

대학원과 수련 과정을 겪으면서 많은 심리학적 지식을 쌓고 다양한 사람들을 만나면서 나의 삶에 대해서도 항상 돌이켜보고 타인의 삶에 대해서 간접적으로 체험할 수 있는 점은 상당히 좋습니다. 수련 과정 중 배웠던 마음챙김 명상은 일상의 스트레스 감소에 상당히 도움이 되고 있구요. 그렇지만 대학원과 수련 기간 동안 가족들에게 경제적으로 상당히 의지했어요. 가장 빠르게 자격증을 취득하여도 여성분들은 20대 후반, 남성분들은 군대까지 포함하면 30대 초반이 되어요. 삶에 있어서 나이에 맞게 이루어야 할 목표가 있고 주변의 시선을 많이 의식하는 사람들은 임상심리 관련 자격을 따는 과정이 상당히 고통스러울 수 있어요.

심리학을 직업으로 삼기 위해서 미리 고민을 많이 해 보세요. 자신이 심리적 문제가 있다고 생각하면 심리상담도 받아 보고, 내가 진출하고 싶은 진로에 있는 선배들을 많이 만나 보세요. 여러분들 학교 교수님은 이 분야에서 특출하게 성공한 선배예요. 특출하게 성공한 선배 말고 정말 일선에서 평범히 자신만의 직무를 다하고 있는 임상심리사 선배들을 많이 만나고 이야기를 들어 보세요.

다양한 종류의 고통(생계, 대인관계, 직무스트레스 등)의 과정을 겪을 각오가 되어 있고 경제적으로 지원을 받기 용이한 조건이라면 만족스러운 직업이 될 수도 있을 거예요. 그리고 자신이 사람을 만나고 그 사람의 고통스러운 이야기를 듣는 것을 어느 정도 수용할 수 있는지의 여부도 한번 체크해 보셔야 할 거에요. 평소 스트레스에 취약한 분들은 임상심리사라는 직업을 택하신다면 워라밸이 많이 깨질 수 있어요.

정말 심리학이라는 학문 그 자체에 관심이 있다면 임상심리사를 직업으로 삼기보다는 다양한 심리학 서적과 논문을 읽으면서 심리학 공부를 취미의 영역으로 남기는 것도 좋은 방법입니다. 직업으로서의 심리학이 아닌 취미와 지식으로서의 심리학은 여러모로 흥미롭고 삶에 플러스가 되는 요소라고 생각해요. 직접 현장에서 만나는 환자와 내담자분들은 심리학적 지식으로만 단순하고 쉽게 설명되지 않는 복잡한 인간이라는 존재입니다. 그럼에도 임상심리사라는 직업을 선택하신다면 동료로서 환영하고 고통을 받고 있는 사람들을 돕기 위해 하나씩 준비해 나갈 여러분에게 응원의 메시지를 보내고 싶습니다.

A. 전국 전체 심리학과 리스트

수도권 주요 대학 심리학과	가톨릭대학교 심리학전공 강원대학교 심리학전공 고려대학교 심리학과 광운대학교 산업심리학과 단국대학교 상담학과 단국대학교 심리치료학과 덕성여자대학교 심리학과 명지대학교 심리치료학과 부산대학교 심리학과 삼육대학교 상담심리학과 서강대학교 심리학전공	서울대학교 심리학과 성균관대학교 심리학과 성신여자대학교 심리학과 숙명여자대학교 사회심리학과 아주대학교 심리학과 연세대학교 심리학과 이화여자대학교 심리학과 인하대학교 아동심리학과 중앙대학교 심리학과 한림대학교 심리학과
그 외 전국 심리학과	건양대학교 심리상담치료학과 건양사이버대학교 상담심리학과 경남대학교 심리학과 경북대학교 심리학과 경상대학교 심리학과 경성대학교 심리학과 경일대학교 심리치료학과(인문계열) 경희사이버대학교 상담심리학과 계명대학교 심리학과 고려사이버대학교 상담심리학과 광주대학교심리학과	광주여자대학교 상담심리학과 국제사이버대학교 상담심리학과 국제사이버대학교 특수상담치료학과 글로벌사이버대학교 뇌기반감정코칭학과 글로벌사이버대학교 상담심리학과 김천대학교 상담심리치료학과 나사렛대학교 심리재활학전공 대구가톨릭대학교 심리학과 대구대학교 심리학과

그 외 전국 심리학과	대구사이버대학교 미술치료학과 대구사이버대학교 상담심리학과 대구예술대학교 예술치료전공 대구한의대학교 미술치료학과 (자연) 대구한의대학교 상담심리학과 대신대학교 상담영어학부 대전대학교 산업·광고심리학과 동명대학교 상담심리학과 동신대학교 상담심리학과 디지털서울문화예술대학교 상담 코칭심리학과 루터대학교 상담심리학과 배재대학교 심리상담학과 부산디지털대학교 가족상담학 전공 부산디지털대학교 미술치료학 전공 부산디지털대학교 복지상담학 전공 부산디지털대학교 상담심리학과 부산디지털대학교 상담치료학부 서울기독대학교 상담심리학과 서울디지털대학교 상담심리학과 서울사이버대학교 가족상담학과 서울사이버대학교 군경상담학과 서울사이버대학교 상담심리학과 서울사이버대학교 심리상담학부	서울사이버대학교 특수심리치료 학과 서울한영대학교 재활상담심리 학과 선문대학교 상담심리사회복지 학과 세종사이버대학교 군경코칭상담 학과 세종사이버대학교 상담심리학과 세종사이버대학교 예술치료학과 송원대학교 상담심리학과 송원대학교 심리치료학과 순복음총회신학교 사회학부 상담심리학전공 신라대학교 가족상담전공 영남대학교 심리학과 영남신학대학교 상담심리학과 우석대학교 군상담심리학과 우석대학교 상담심리학과 우석대학교 심리학과 원광디지털대학교 상담심리학과 인제대학교 상담심리치료학과 전남대학교 심리학과 전북대학교 심리학과 전주대학교 상담심리학과 전주대학교 예술심리치료학과 제주국제대학교 심리상담학과 조선대학교 상담심리학과

| 그 외
전국
심리학과 | 중앙승가대학교 포교사회학상담학전공
차의과학대학교 미술치료 · 상담심리학과
총신대학교 아동상담심리학과
충남대학교 심리학과
충북대학교 심리학과
침례신학대학교 상담심리학과
칼빈대학교 복지상담학과
케이씨대학교 상담심리학과
한국열린사이버대학교 상담심리학과
한국열린사이버대학교 통합예술치료학과 | 한동대학교 상담심리사회복지학부
한신대학교 상담심리학전공
한신대학교 심리 · 아동학부
한신대학교 임상심리전공
한양사이버대학교 미술치료학과
한양사이버대학교 상담심리학과
한일장신대학교 심리상담학과
호남대학교 상담심리학과
호서대학교 산업심리학과
화신사이버대학교 상담심리학과 |

B. 전국 임상심리전공 대학원 리스트

대학원 명

가톨릭대학교 일반대학원 심리학과	덕성여자대학교 문화 · 산업대학원
강남대학교 일반대학원 심리학과	동덕여자대학교 일반대학원 아동 · 심리학과
강원대학교 일반대학원 심리학과	
건양대학교 일반대학원 상담심리학과	동신대학교 일반대학원 상담심리학과
경남대학교 일반대학원 심리학과	
경북대학교 일반대학원 심리학과	부산대학교 일반대학원 심리학과
경상대학교 일반대학원 심리학과	서강대학교 일반대학원 심리학과
경성대학교 일반대학원 심리학과	서울대학교 일반대학원 심리학과
경성대학교 임상약학대학원 임상재활심리학과	서울사이버대학교 상담심리대학원
	서울여자대학교 일반대학원 교육심리학과
경일대학교 보건복지대학원 상담심리학과	
경일대학교 일반대학원 보건복지학과	서울여자대학교 아동학과
경일대학교 심리치료학과	서울여자대학교 특수치료전문대학원 심리치료학과
계명대학교 일반대학원 심리학과	
고려대학교 일반대학원 심리학과	성균관대학교 일반대학원 심리학과
대구가톨릭대학교 일반대학원 심리학과	성신여자대학교 일반대학원 심리학과
	아주대학교 일반대학원 심리학과
대구대학교 일반대학원 심리학과	아주대학교 일반대학원 심리학과 성인임상심리 전공
대구대학교 재활과학과	
대구대학교 재활과학대학원 재활심리학과	연세대학교 일반대학원 심리학과
	영남대학교 일반대학원 심리학과
대구대학교 재활심리학과 석사	용문상담심리대학원대학교 - 상담심리학과
대전대학교 일반대학원 심리학과	
덕성여자대학교 일반대학원 심리학과	우석대학교 경영행정문화대학원 상담심리학과

전남대학교 일반대학원 심리학과
전북대학교 일반대학원 심리학과
전주대학교 일반대학원 상담심리학과
조선대학교 일반대학원 상담심리학과
중앙대학교 일반대학원 심리학과
중앙대학교 심리서비스대학원
차의과학대학교 일반대학원 의학과
차의과학대학교 임상상담심리대학원
충남대학교 일반대학원 심리학과
충북대학교 일반대학원 심리학과
침례신학대학교 상담복지대학원 상담
심리학과
침례신학대학교 일반대학원 상담심리
학과

한동대학교 일반대학원 심리학과
한림대학교 일반대학원 심리학과
한신대학교 일반대학원 심리학과
한신대학교 정신분석대학원 심리학과
한양사이버대학교 휴먼서비스대학원

C. 2020년 수련 과정이 개설된 전국 수련 기관 모음

(정신건강임상심리사, 임상심리전문가 통합)

국립정신건강센터 정신건강의학과	대구재활센터
서울대병원 정신건강의학과	고신대 복음병원 정신건강의학과
중앙대병원 정신건강의학과	가톨릭대학교 부천성모병원
인제대학교 일산백병원 정신건강 의학과	SRC 재활병원
	위드병원
경희대학교병원 정신건강의학과	충북대학교병원
서울아산병원 정신건강의학과	인천참사랑병원
서울시 은평병원 정신건강의학과	다함정신건강상담센터
분당서울대병원 정신건강의학과	지우심리상담센터
용인정신병원 정신건강의학과	온종합병원
삼성서울병원 정신건강의학과	해인정신건강상담센터
건국대병원 정신건강의학과	경기도의료원 의정부병원 정신건강의 학과
한양대병원 정신건강의학과	
인제대학교 상계백병원 정신건강 의학과	서울의료원 정신건강의학과
	순천향대 부천병원 정신건강의학과
인제대학교 상계백병원 어린이청소년 심리학실	성신여자대학교 학생생활상담소
	대구 동구정신건강복지센터
고려대안암병원 정신건강의학과	동작아이존
한림대 성심병원 정신건강의학과	국립부곡병원 정신건강의학과
강북삼성병원 정신건강의학과	국립나주병원 정신건강의학과
신촌세브란스 어린이병원 소아과	동국대 경주병원
단국대학교 정신건강의학과	삼성서울병원 신경과
신촌세브란스 정신건강의학과	부산대병원 정신건강의학과
신촌세브란스 신경과	광주제일병원 정신건강의학과
신촌세브란스 어린이병원 소아정신과	다사랑병원

계명대 동산의료원 정신건강의학과
아주대병원 정신건강의학과
동국대 일산병원 정신건강의학과
중앙보훈병원 정신건강의학과
한서중앙병원 정신건강의학과
국민건강보험공단 일산병원
가천대 길병원 정신건강의학과
고려대구로병원 정신건강의학과
강남세브란스 정신건강의학과
고려대 안산병원 정신건강의학과
영남대의료원 정신건강의학과
인제대 부산백병원 정신건강의학과
원주세브란스기독병원 정신건강의학과
더봄뇌건강신경심리센터
마인드플니스 심리상담클리닉
봄내병원
한림대 춘천성심병원 정신건강의학과
한별정신건강병원
나사랑심리상담센터
가톨릭대학교 인천성모병원 정신건강
의학과
순천향대학교 천안병원 정신건강의
학과
이화여자대학교 목동병원 신경과
원광대병원 정신건강의학과
김원묵기념 봉생병원
마더스병원
서울특별시 보라매병원 정신건강의
학과

행복정신건강센터
전남대병원 정신건강의학과
광주정신재활센터
푸른존
광주시립정신병원 정신건강의학과
예사랑병원 정신건강의학과
경북대병원 정신건강의학과
제주대병원 정신건강의학과
맘편한 정신건강의학과의원
달성군정신건강복지센터
보은병원
전북대병원 정신건강의학과
강박사심리센터
청주의료원
서울심리지원 동북센터
안동성소병원 정신건강의학과
인천광역시의료원 정신건강의학과
명지병원 정신건강의학과
창원경상대학교병원 정신건강의학과
충남대병원 정신건강의학과
심리상담센터 헤세드
울산대병원 정신건강의학과
대구대학교정신건강상담센터
동아대병원 정신건강의학과
성남사랑의병원 정신건강의학과
해솔심리상담센터
현대병원 신경과
이든샘가족아동청소년상담소
고려대 학생상담센터

인재대 해운대백병원 정신건강의학과	국립암센터
강원대병원 신경과	가톨릭대학교 서울성모병원 정신건강
강원대병원 정신건강의학과	의학과
곽호순병원	송파아이존
한양대학교 구리병원 정신건강의학과	참누리정신건강상담센터
분당제생병원 정신건강의학과	
서대구대동병원 정신건강의학과	
국립춘천병원 정신건강의학과	
국립공주병원 정신건강의학	

현직 임상심리사들이 알려주는 생생한

임상심리사 진로가이드북

ⓒ 희우 · 달릿, 2020

초판 1쇄 발행 2020년 8월 15일

지은이	희우 · 달릿
일러스트	희우
펴낸이	이기봉
편집	좋은땅 편집팀
펴낸곳	도서출판 좋은땅
주소	서울 마포구 성지길 25 보광빌딩 2층
전화	02)374-8616~7
팩스	02)374-8614
이메일	gworldbook@naver.com
홈페이지	www.g-world.co.kr

ISBN   979-11-6536-660-5 (03190)

이 도서의 국립중앙도서관 출판예정도서목록(CIP)은 서지정보유통지원시스템 홈페이지(http://seoji.nl.go.kr)와 국가자료공동목록시스템(http://www.nl.go.kr/kolisnet)에서 이용하실 수 있습니다. (CIP제어번호 : CIP2020031837)